お寺の魅力と成り立ちがわかる

日本の古寺100の秘密

日本の古寺研究会 編
彩図社

はじめに

いにしえから伝わる古寺《こじ》は、不思議な魅力に満ちている。

境内に足を踏み入れれば心の安らぎがもたらされ、安置されている仏像を眺めれば、身が引き締まる思いがする。

その理由は、古寺や仏像が、日本人の感性を反映しているからではないだろうか。

日本独自の宗教である神道と違い、仏教はインドで始まり、中国や朝鮮半島を経て伝わった外来の宗教である。伝来したのは、約1500年前。当初は新しい宗教に対して、政治の中心である朝廷内は支持派と排斥《はいせき》派に分裂したという。だが、やがて支持派によって排斥派は淘汰《とうた》され、朝廷の最高責任者である天皇も仏教に帰依《きえ》する。さらには、仏教と日本古来の宗教である神道が交じり合い、独自の文化をつくるに至った。

このように、仏教は日本古来の文化と融合し、連綿と受け継がれてきた。そして古寺は、そのような伝統を、日本人が受け入れやすい形に変化させながら今に伝えている。外国から伝わった仏教は、今や日本特有の伝統文化として融け込み、東南アジアや中国・朝鮮半島などにみられるお寺や教えとは、異なる趣を持っているのだ。

本書は、そんな日本の古寺の魅力を味わえるよう、基礎から意外な事実までがわかるように構成されている。

第一章では「お寺が建てられた理由」「五重塔が造られたのはなぜか?」「日本一古いお寺はどこ?」など、お寺の基本について解説。第二章は法隆寺や四天王寺、東大寺といった日本各地の有名寺院のルーツについて記述している。

第三章は「お参りで手を合わせる理由」「お布施のルーツ」「神社とお寺のお参り作法の違い」など、お参りの作法と意外なしきたりについて解説。第四章では古代から明治維新までのお寺にまつわる日本の歴史を記し、最後の第五章では、仏事に従事し、お寺を管理運営する僧侶の一日のスケジュールや髪型、修行の内容などを紹介している。

一口に「お寺」といっても、建てられた時代や宗派によって種類は異なる。お堂や塔、鐘楼《しょうろう》といった伽藍の形もさまざまだ。それは安置されている仏像や曼荼羅《まんだら》も同じで、もちろんそれぞれに由来が存在する。そうした知識をもってお寺を訪ねると、参拝をより充実したものにできるはずだ。

仏教とお寺の奥深い世界を、是非ご堪能いただきたい。

お寺の魅力と成り立ちがわかる
日本の古寺100の秘密 目次

第一章 これだけは知っておきたいお寺の基本

第二章 有名寺院の知られざるルーツ

第三章 お参りの作法と意外なしきたり

第四章 お寺にまつわる日本の歴史

第五章 お坊さんの修行とお勤めの実態

京都の天龍寺庭園（Ⓒ Gordon Cheung）。1339 年創建。作庭の名手夢窓疎石が手がけた。

第一章

これだけは知っておきたい お寺の基本

1・お寺は何のためにつくられた？

日本全国には、7万を超えるお寺がある。僧侶の数はおよそ33万人。仏教が、いかに日本文化に根付いているかがわかる数字だ。

日本人からすると当たり前のように存在するお寺だが、現在のような形となるまでに、幾多の変化を受け入れてきたことを、ご存じだろうか？

その始まりは、やはり釈迦《しゃか》と関係があった。そもそも釈迦の初期の活動の頃には、「寺」という考え方はなかった。釈迦とその弟子たちは各地を巡り歩き、信奉者から寄贈された土地を仮住まいとして日々を過ごしたからだ。

それが変化したきっかけは、釈迦の入滅《にゅうめつ》である。釈迦は死後に火葬され、その遺骨を納めるためにストゥーパと呼ばれる供養塔が建てられた。初期のストゥーパは8本だったが、仏教の発展に貢献したマウリヤ朝アショーカ王の援助により、インド全域に約8万4000本ものストゥーパが建てられることになる。これが礼拝対象として重視されるようになり、ストゥーパは次第に祠堂《しどう》（礼

釈迦の教えを信奉していたアショーカ王が、紀元前３世紀にサーンチーに建てたといわれるストゥーパ。釈迦の遺骨が祀られているといわれている（© 2003,Gérald Anfossi）

拝堂）へと変化していった。

一方で、仏教徒の生活方式も変化していた。放浪生活から定住生活へと変化していき、修行場である僧院がインド各地に建設された。この祠堂と僧院が組み合わさって、寺院が誕生したのである。

といっても、インドの寺院は石造りで、日本のものとは見た目が異なる。変化したのは、中国や朝鮮に伝来してからだ。風土の違いから木造様式のお寺が主流となる。そして朝鮮半島の百済《くだら》国から仏教が日本に伝来すると、蘇我氏《そがし》が中心となって各地に寺が建設されたのである。

なお、当初のお寺は塔と本堂をどう組み合わせるかで様式が異なったが、平安末期以降は宗派の増加によって、様式にとらわれない寺院が増えた。現在の寺も、仏塔のない寺院や御堂の外見が特徴的な寺院、ビルのスペースを利用した寺院など、信仰に合わせた独特の構造が珍しくないが、それは平安時代の影響なのかもしれない。

2・お寺に五重塔があるのはなぜ？

お寺の中で特に印象的な建物といえば、「仏塔《ぶっとう》」だ。日本には二層の「多宝塔《たほうとう》」、三層の「三重塔」などが存在するが、有名なのは**五重塔**だろう。造形美に優れた仏教建築だと高く評価されており、法隆寺、東寺、興福寺など、国宝に指定されたものも多い。

まさにお寺の象徴ともいえる五重塔だが、そもそもどのような意味があるのか、ご存じだろうか？

仏塔の起源は、釈迦の遺骨を埋葬したストゥーパ（塔）だ。といっても、**釈迦の墓標は縦長ではなく、古代インドで一般的な饅頭型《まんじゅうがた》の墳墓《ふんぼ》**。見た目は今とまったく異なっていた。

それでも、仏塔の特徴である層構造は、当初のストゥーパから傘状の構造として設けられていた。

なぜそんなものがつけられたのか？　それは、釈迦への敬意を示すためだ。古代のインドには、**貴人を強い日差しから守るために日傘**を使う習慣があった。釈迦を敬う一部の人々は、インドの暑さを釈迦がしのげるよう、敬意を込めてこの構造体を造ったのである。

当初は傘の部分が小型だったが、仏教がインドから中国、朝鮮へと伝わる間に形状は変化。傘の

「八坂の塔」の別名で知られる京都市にある法観寺の五重塔

部分が肥大化し、多層構造の塔になっていく。それが日本に伝わったときには五重塔になっていたというわけだ。

これが次第に、仏教的な世界観を表すと解釈されるようになっていく。下からから順に地（基礎）・水（燈身《とうしん》）・火（笠）・風（請花《うけばな》）・空（宝珠《ほうじゅ》）。仏教で万物を構成すると考えられる五大要素を、五重塔が表すようになったのである。

ちなみに、塔には釈迦の遺骨が納められていることになっているが、当然ながら集めることは困難なため、代用品として貴金属や水晶、動物の骨などが用いられた。

中には、釈迦に代わる礼拝対象として、仏像や経典を納入するケースもある。大日如来と四方仏を祀る真言宗の仁和寺や、法華経に基づき多宝如来を敬う日蓮宗寺院などがその例だ。阿弥陀如来のみへの信仰を旨としている浄土真宗のように、釈迦由来の仏塔を建てないこともある。

一口に仏塔と言っても、細かい違いを知ることで、そのお寺の歴史や信仰を知ることができるのである。

3・本堂《ほんどう》、金堂《こんどう》、講堂《こうどう》…お堂の違いは何？

観光名所のお寺に行くと、多くの堂舎《どうしゃ》が目に入る。荘厳できらびやかなものもあれば、瀟洒《しょうしゃ》で落ち着きのあるものまで、その姿は多種多様。役割に応じて呼び名も異なる。しかし、「本堂」「金堂」「講堂」など、中には区別のつきにくいお堂も少なくない。一体どんな違いがあるのだろうか？

結論から言えば、**本堂と金堂の機能は同じ**。いずれも本尊の仏像や経典を安置するお堂で、お寺の中で最も重要な施設である。宗派によって違いはあるが、基本的には仏を祀る内陣と、参拝用の脇間《わきま》・外陣に分けられている。仏教行事や各種法要も執り行われる、大切な空間だ。

ただし、**本堂と呼ぶのは主に平安時代以降のお寺**。平安時代以前には、「金堂」という呼び方が多かった。伝来初期の仏像の大半が黄金色に輝いていたことから、それを安置したお堂を金堂と呼んだとされる。仏教受容に一役買った蘇我氏が建てた飛鳥寺《あすかでら》には、現存こそしてないものの、三つの金堂があったという。

時代は下って平安末期になると、宗派の増加に伴い、本堂の呼び名も多様化した。比叡山延暦寺

法隆寺の金堂。堂内には国宝の釈迦三尊像が安置されており、柵越しから常時見ることができる（© 663highland）

と寛永寺の「根本中堂《こんぽんちゅうどう》」や、臨済宗や曹洞宗の「仏殿《ぶつでん》」という呼び名がそれだ。浄土真宗の場合は、本尊に阿弥陀仏を祀ることから、「阿弥陀堂」と呼ぶお寺もある。

その他、祖師《そし》（開祖）の像＝御影の安置場である御影堂（みえいどう、ごえいどう）や、日蓮宗の鬼子母神《きしもじん》堂・三十番神堂も、礼拝施設と言えるだろう。祖師を尊ぶ浄土宗知恩院のように、御影堂《みえいどう》を本堂とみなす寺院もある。

一方で、僧侶の修行の場として用いられるのが、講堂だ。ここでは、経典や教義に関する講義や議論が行われる。大人数を収容できるよう、本堂よりも大きく造られているのが特徴だ。学校や官庁に設置される講堂も、お寺の講堂が基だとされている。

その他、僧侶が食事をするための場として設けられる建物を「食堂《じきどう》」、僧侶の生活スペースのことを「僧房」「僧堂」と呼ぶ。お寺は、こうした礼拝・修行・生活の三要素によって構成されるのである。

4・お寺の配置に時代の特徴が表れている？

一見無造作であっても、お寺の堂舎＝伽藍《がらん》の配置には、一定のルールがある。そんなマニアックなことを知ってどうするのか、と思われるかもしれないが、**伽藍配置を知ることで、お寺の由来や宗派の個性、時代の特徴が明らかになってくる。**

飛鳥時代から奈良時代までのお寺は、中国大陸で流行していた様式を模倣《もほう》することが多かった。四天王寺は、お堂を南北一直線に並べた百済や中国系寺院に倣って、講堂から門までを直線上に配置。塔を中心に三つの金堂を配置していた飛鳥寺も、高句麗系の伽藍配置を参考にしていた。

この時期に特に重要だった堂舎は、仏塔だ。釈迦の遺骨を祀る仏塔は、境内の中央や本堂の東西に建てられ、礼拝対象として崇拝された。また、仏の世界は平らだとする経典の教えに基づいて、平地のみにお寺が建てられたことも、この時期の特徴だ。

こうした仏塔中心の伽藍配置は、7世紀後半に変化する。**仏塔に代わって、仏像を祀る金堂が、中心的な位置を占めるようになった**のである。7世紀末から8世紀に再建されたとされる法隆寺西

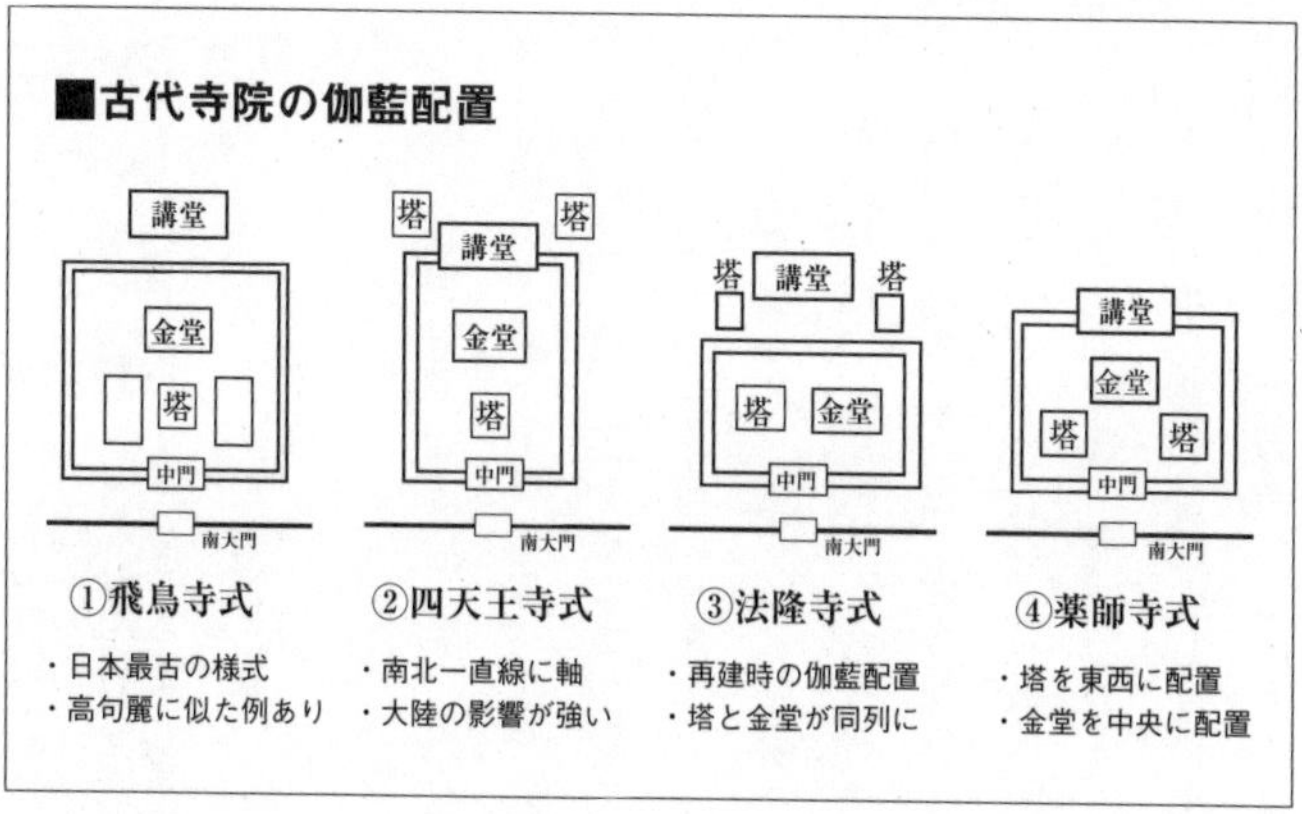

古代寺院の伽藍配置。釈迦の遺骨を祀る塔から、釈迦の姿を写した仏像を祀る本堂へと、重視するものが変化したことがわかる。

回廊は、左に仏塔、右に金堂が建つ。仏塔と金堂を同時に見渡せるようにすることが目的だ。

その後、奈良時代の伽藍配置は、金堂を中心に、二つの塔をその東西に配置する方式が主流となったが、平安時代になった頃には、密教の流行を受けて伽藍配置が大きく変化した。寺院が山岳地に建立されるようになり、起伏が激しく入り組んだ地形に合わせて堂舎の位置が決められていったのだ。比叡山延暦寺や高野山金剛峯寺《こんごうぶじ》のように、山全体を境内とするお寺が増えたのはこの頃である。折しも、大陸との接触が減ったことで、平地の寺院も庭園と一体化した和様《わよう》の構造へと変化していた。

鎌倉時代には禅宗様式の伽藍配置が注目されたが、基本は地形に沿った不定形の伽藍配置となっている。

こうした歴史を経たことで、日本の伽藍配置は左右対称を基本としながらも、自然を無理に変えるのではなく、地形に合わせた形をとるようになったのである。

5・お寺に梵鐘《ぼんしょう》があるのはなぜ？

お寺の鐘をゴーンとつくと、重く厳かな音色が周囲に響く。一昔前は、時を知らせる鐘の音がどんな地域でも響いていたものだ。聞いているとなんとなく心が和んでくるが、それもそのはず、**釣り鐘の音は、苦しみを払って悟りに通じる功徳を与える**とされてきたからだ。

釣り鐘は、正式には「梵鐘《ぼんしょう》」と呼ばれる。「梵」とはサンスクリット語で、清浄や神聖を意味する言葉。文字通り、聖なる音を響かす鐘というわけだ。

その起源は中国にある。古代の中国では、儀式の合図に青銅の鐘を使っていた。それが仏教の法要に用いられるようになり、法具の一つとなったのだ。

日本にもたらされた時期は確かではないが、現存する最古の梵鐘は698年に作られた京都・妙心寺の国宝「黄鐘調の鐘」なので、それ以前に伝来したのは間違いない。

伝来当初は法要の合図として使用されたが、鎌倉・室町時代には朝夕の時間を知らせる目的でも使われはじめ、江戸時代には周辺住民の時報代わりに役立った。明治時代以降には、なんと時計代

京都市の知恩院にある梵鐘。梵鐘は重要文化財に指定されている（© Chris Gladis）

わりに学校や官庁に設置されることも多くなった。

明治時代には廃仏毀釈《はいぶつきしゃく》に見舞われ、太平洋戦争中には金属製品として加工するために多くの梵鐘が失われたが、昔の鐘が残っている寺も少なくない。その代表といえるのが、知恩院の梵鐘である。１６３６年に作られた比較的新しいものだが、大きさがすごい。３メートルを超える巨大さで、軍が持ち出しを諦めたともいわれるほどだ。

また、幾度か修理をしているが、東大寺の梵鐘は７５１年の古い作。奈良時代から使われているということで、「奈良太郎」という別名がある。「君臣豊楽」「国家安康」の銘文を徳川家に攻撃され、大坂の陣を引き起こした方広寺の鐘も、当時のまま現存している。

これらは「日本三大梵鐘」と呼ばれており、知恩院と方広寺は重要文化財、東大寺の鐘は国宝に指定されている。東大寺と方広寺は、一般人でも除夜の鐘を突くことができる。気持ちを整えたい方は、試してもらいたい。

6・お寺の天井に龍が描かれる理由とは？

天井から、訪れる者をジッと見渡す巨大な龍。禅寺の法堂に描かれる、雲龍図《うんりゅうず》だ。京都の妙心寺《みょうしんじ》の雲龍図は、狩野探幽《かのうたんゆう》が8年がかりで描き上げた大作。どの位置から見上げても龍と目が合うことから、「八方睨《はっぽうにら》みの龍」と呼ばれている。見る位置や角度を変えることで、表情の変化を楽しめる。同じく天龍寺《てんりゅうじ》や建仁寺《けんにんじ》、大徳寺《だいとくじ》などの由緒ある禅寺でも、新旧の画家が腕を振るった龍の姿が見られる。ここまで大事にされる龍には、いったいどのような意味が込められているのだろうか？

仏教では、龍は仏の教えを守護する「八部衆《はちぶしゅう》」の一つ。有名な阿修羅と並ぶ仏神だ。しかし、龍は守護するのみならず、天から法の雨、すなわち仏法を降らせる存在と考えられていた。だからこそ、僧侶が信者に仏法を説く法堂に、雲龍図は描かれるわけだ。

また、もともと河の神だったことから、龍は水に関わる信仰と密接な関係にある。古来、龍は水中に棲み、雨雲を呼ぶ神獣《しんじゅう》と伝えられ、水神や海神として崇められていた。農民からは雨乞い祈願の対象となり、海の安全を願う漁師にも厚く信仰されるようになった。寺院においてもその霊験《れいげん》が期待さ

建仁寺の雲龍図。日本画家の小泉淳作によって描かれた双龍図で、2002年に天井に掲げられた（© Mr Hicks46）

れ、火災から守る守護神として受容されたのである。

日本のお寺は木造で、明かりのために火を扱うことが多い。そのため常に出火の不安があった。先に挙げた妙心寺では、1467年に勃発した応仁の乱の際、多くの堂塔が焼失。天龍寺でも1339年の創建以来、8回も大きな火災に見舞われている。そのため、人々は龍の絵に防火の願いを託したのである。

火災でなくなった雲龍図の中には、「日本四方鳴き龍」で知られる竜泉寺《りゅうせんじ》の雲龍図も含まれる。鳴き龍とは、雲龍図のある場で拍子木や柏手を打つと、龍の鳴き声を思わせる独特な高音が生じる現象。栃木の日光東照宮、京都の相国寺《しょうこくじ》、長野の妙見寺《みょうけんじ》、そして青森の竜泉寺が、代表的な鳴き龍の地である。

その正体は、天井と床の間で音が何度も反響するために起こる「フラッターエコー」という現象だ。龍の鳴き声を聞いてみたいという方は、ぜひ試してもらいたい。

7・日本一古いお寺はどこ？

日本最古の寺はどこか？　そう問われると、法隆寺を連想する方は多いかもしれない。

聖徳太子が建立したとされる法隆寺の創建は、601年。五重塔を含め、世界最古の木造建築物として世界文化遺産にも登録されている。堂舎自体の古さでいえば、法隆寺が最も古いお寺だと言っていい。

しかし実は、法隆寺よりも前に建立された寺院が現存している。火災によって創建時のお堂は焼失したものの、その法灯は現在にも受け継がれているのだ。

それが、奈良県明日香村にある飛鳥寺《あすかでら》だ。飛鳥寺以前にも、仏像を安置するための施設として寺は建てられていたが、**本格的な伽藍を設けたのは、飛鳥寺が最初**だといわれている。

創建のきっかけは、『日本書紀』によれば587年の頃。時の権力者である蘇我馬子が建立を発願し、その9年後に完成したという。

創建当初の飛鳥寺は、現在よりもかなり大規模だった。仏塔を中心にし、北と東西にそれぞれ中

日本最古の仏像飛鳥大仏（左／© Chris 73）と飛鳥寺から名を改めた元興寺（右／© David Stanley）。飛鳥大仏は銅製の釈迦像で、高さは約2.7メートル。

金堂、東金堂、西金堂を配置。高句麗《こうくり》の寺院を模したといわれ、建設には秦《はた》氏など、蘇我氏と結びつきの強い渡来人が協力していた。

しかし、威容を誇った飛鳥寺も、鎌倉時代に火災で大部分が焼失。現在のお堂は江戸時代に再建したものである。お寺の正式名称も、真言宗「安居院《あんごいん》」へと変化した。

しかし、飛鳥寺にあった日本最古の仏像「飛鳥大仏」は奇跡的に焼け残った。修復状態はよくないが、国の重要文化財として現在も安置されている。

なお、大阪市に存在する四天王寺の門前には、「日本佛法《ぶっぽう》最初」「大日本佛法最初」と刻まれた石柱が立っている。593年建立というから確かに飛鳥寺より古いが、これが完成した年なのか造営開始の年なのかは意見が分かれている。国家が管理する「官寺」としての歴史は最も古いが、建築様式等を考えると、飛鳥寺の方が古いと考えたほうが自然である。

8.「六道《ろくどう》」「輪廻転生《りんねてんせい》」ってなに？

仏教において、生物は死を迎えた後、別の世界のいずれかに転生すると考えられている。この考え方が、有名な六道輪廻《ろくどうりんね》である。生まれ変わる世界は、天道、人道、修羅《しゅら》道、畜生道、餓鬼《がき》道、地獄道の6つ。これの「六道」を魂が転生し続けることが「輪廻」である。

どの世界に転生するかは、前世の行いによって決まる。悪い行いばかりでは地獄に落ちるし、善行を積めば人道から天上に行けたりする。この考え方を「因果応報《いんがおうほう》」という。見方を変えれば永遠の命があるともいえるが、それは決していいことではない。仏教の価値観からすれば、この世は苦しみだらけの穢《けが》れた世界。輪廻にとらわれている限り、その苦しみから逃れることができないのだ。

上位の世界「天道」であっても、そうした苦しみはやってくる。仏教の神が住み、最低900万年は快楽の限りを楽しめるが、そうはいってもいずれは死ぬ。しかも、快楽への未練があれば、死に際には地獄以上の苦しみを味わうことになる。

人間の世界「人道」も、苦しみは多い。しかし、我々がいるとされる贍部洲《せんぶしゅう》では仏の教えを直接

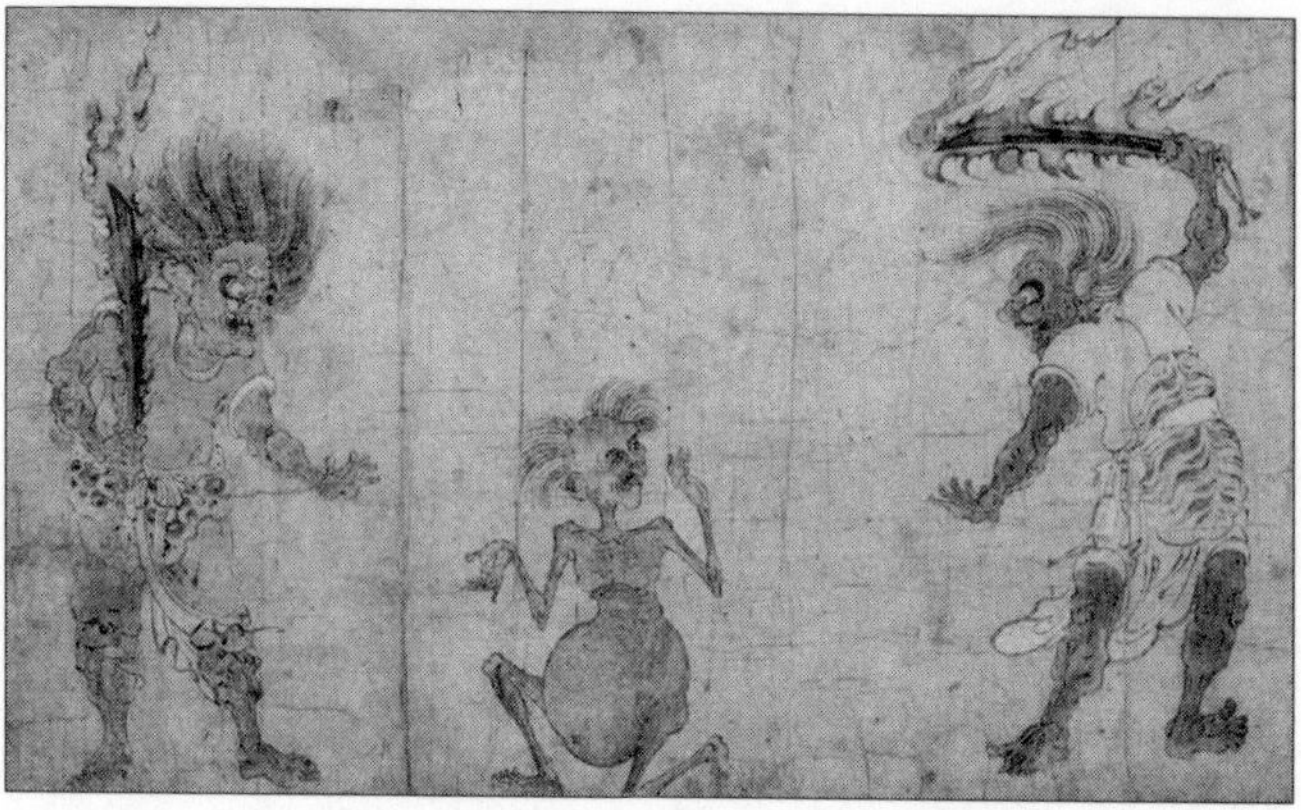

餓鬼道の様子を描いた『餓鬼草紙』の一場面

得られるため、まだ救いはあるといえる。

「修羅道」は慈悲のない人間が行く戦いと憎悪に満ちた世界で、戦いの神・阿修羅が住する。「畜生道」に行くのは、身勝手に生きた人間たち。34億種もいる動物の1匹に生まれ変わって、捕食の恐怖や人間による酷使に苦しむ。

その下にある「餓鬼道」は、畜生道を超える苦しみの世界。他人を妬《ねた》むケチな人間が行くとされ、一度も心の満足は得られない日々が、最低1万5000年も続く。

そして、最下層が「地獄道」だ。悪業を尽くした者が落ちる刑罰の世界である。地獄にも八つの世界があり、下に行けば行くほど苦しみが増していく。最下層の阿鼻《あび》地獄では、他の地獄の1000倍以上の苦しみを味わうという。

初期の仏教は、この輪廻からの脱却を説いていた。日本では、後述する浄土教の影響で浄土へ行けば安楽を得られると説かれるようになるが、これだけ苦しみを列挙されれば、そう願うのも無理はないかもしれない。

9・仏の種類が多いのは大乗仏教《だいじょうぶっきょう》の影響？

一昔前の仏教史では、「大乗《だいじょう》仏教」「小乗《しょうじょう》仏教」という単語がよく登場していたが、現在はこうした表記は改められている。小乗仏教という名称は大乗仏教側による蔑称《べっしょう》だったため、現在では「上座部仏教」と呼ばれることがほとんどだ。大乗仏教側は、なぜそのような蔑称を使ったのだろうか？

釈迦入滅からしばらくは、仏教は多くの部派（宗派）に分かれ、悟りを開くために自己鍛錬を行う一派が多数を占めていた。しかし、釈迦の教えは修行者に限定されるのではなく、他者救済の側面もあった。自分が悟りを得られれば、それでいいのか？ 2世紀前後になると、そんな疑問をもった集団が、現在のパキスタンからアフガニスタンの一部にかけた地域で活動を始めた。これによって、全民衆の救済を目指す大乗仏教の仏教運動が起こったのである。

大乗とは、大きな乗り物を意味する古代インド語の「マハー・ヤーナ」が語源。釈迦の教えを拡大解釈し、悟りは人々の救済に用いるためにあると説いて、仏や菩薩への信仰を重視した。

特徴的なのは、新しい経典が次々と編まれたことだ。当然、釈迦が死んで600年以上が経って

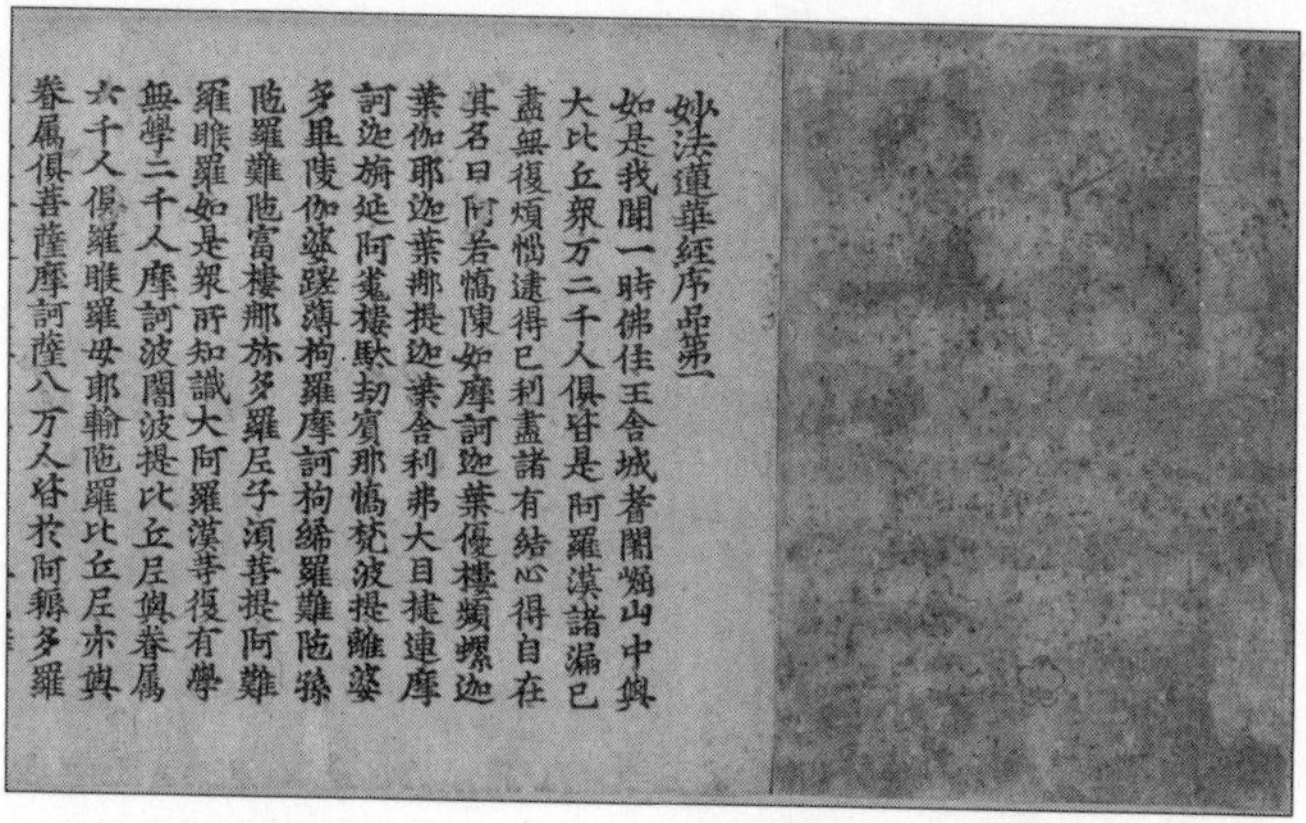
妙法蓮華經序品第一
如是我聞一時佛住王舍城耆闍崛山中與
大比丘衆万二千人俱皆是阿羅漢諸漏已
盡無復煩惱逮得己利盡諸有結心得自在
其名曰阿若憍陳如摩訶迦葉優樓頻螺迦
葉伽耶迦葉那提迦葉舍利弗大目揵連摩
訶迦旃延阿㝹樓馱劫賓那憍梵波提離婆
多畢陵伽婆蹉薄拘羅摩訶拘絺羅難陀孫
陀羅難陀富樓那弥多羅尼子須菩提阿難
羅睺羅如是衆所知識大阿羅漢等復有學
無學二千人摩訶波闍波提比丘尼與眷屬
六千人俱羅睺羅母耶輸陀羅比丘尼亦與
眷屬俱菩薩摩訶薩八万人皆於阿耨多羅

大乗仏教を代表する経典「法華経」（「妙法蓮華經」国会図書館所蔵）

いるため、書いてあるのは釈迦の言葉ではない。それでも、釈迦が説いた教えを幾重にも再解釈していったことで、大乗仏教は巨大な思想体系をつくりあげた。

相反する教えもかなりあるが、多くの経典は仏の功徳を強調することで、他者の救済を目指している。**釈迦に関する超人的なエピソードや多くの仏は、この大乗仏教によって生み出された**ものだ。

しかも、大乗仏教はインド周辺で信仰されていた神々を仏や菩薩として取り込んだため、一般人の支持を得やすかった。釈迦を礼拝対象とする上座部仏教と大きく異なる。

その後、民衆の支持と王家の支援で発展した大乗仏教は、中国や朝鮮に伝わり現地仏教の原点となった。日本に伝わった仏教も、すべて大乗仏教を基礎としている。

従来の教えを守る部派は大乗仏教から「ヒーナ・ヤーナ（小さき器）」と蔑まれたが、スリランカ、タイ、カンボジア方面で発展し、現在も篤い信仰を集めている。

10・釈迦《しゃか》、阿弥陀《あみだ》、薬師《やくし》…同じ如来《にょらい》でも何が違う？

仏教では、「真理への到達者」のことを仏陀と呼ぶ。神様と同一視されることも多いが、仏は我々と同じ人間だ。大乗仏教の価値観からいえば、修行を積めば誰でも到達可能な存在である。

しかし、だからこそ、なのだろう。大乗仏教には無数の仏が存在し、何がどう違うのかわかりにくい。「阿弥陀如来《あみだにょらい》」「弥勒菩薩《みろくぼさつ》」「毘沙門天《びしゃもんてん》」など、一体どんな違いがあるのだろうか？

右に挙げた三つのうち、狭義の意味で仏は如来だけ。如来が「真理を覚った者」なのに対して、菩薩は「菩提《ぼだい》（悟り）を求める者」である。つまり菩薩は仏となるために修行中の存在なのだ。天というのは仏教に帰依したインド神話や他宗教の神々で、仏法を守護する「貴顕天部《きけん》」と外敵から防衛する「武人天部」という系統がある。お寺を守るため、門に像が安置されることが多い。密教の時代には、仏教を信じない者を懲らしめる如来の化身「明王《みょうおう》」がクローズアップされた。

とはいえ、如来だけでもかなりの数にのぼるため、よくわからないという方もいるだろう。そんな方に知ってもらいたいのが、三身《さんじん》という仏の分類だ。

法隆寺金堂に安置された釈迦三尊像。三身のうち、応身にあたる。

三身とは、法身仏《ほっしんぶつ》、報身仏《ほうじんぶつ》、応身仏《おうじんぶつ》の三つのこと。すべての仏がいずれかに含まれるとされている。

法身とは、釈迦が覚った真理のこと。形のある仏ではなく、悟りそのものが法身だ。しかし、法身は覚りを得ないとみることができない。そのため、仏は報身や応身として人々の前に姿を現すとされた。応身が人の姿として現れる仏、つまりは釈迦を指すのに対して、報身は、自ら立てた誓いを成就し、覚りを得た仏のこと。阿弥陀如来や薬師如来がこれに当てはまる。現れ方が異なるだけで、それぞれが同じ要素を共有していると考えられているのだ。

なお、仏陀という概念は、実は仏教の専売特許ではなく、古代インドに根付いた呼び方だった。インド思想の核をなす「ウパニシャッド哲学」では、賢者のことを「ブッダ」と呼び、仏教と同時代の宗教であるジャイナ教も、開祖のことをブッダと呼んでいる。これが仏教では、釈迦の覚りを表現する特別な言葉になったのである。

11・仏像はどのようにしてつくられる？

いきなりだが、日本に木造の仏像が多いのはなぜか、ご存じだろうか？　大陸で一般的だったからだと思った方は、不正解。中国では石や金銅で造るのが一般的で、当初、木製の仏像は造られていなかった。ここまで木造が多いのは、他国と比べてもかなり珍しいのだ。

仏像が日本へ最初にやってきたのは、6世紀半ばのこと。仏教とともに日本に伝えられた、金銅仏だ。金銅仏は溶かした青銅を型に流し込んで鋳造した仏像で、表面にメッキを施されることが多い。造仏師も日本に渡り、金銅仏作成の技術が伝えられた。

しかし、金銅仏は素材集めが難しく、大量生産には適していない。そこで注目されたのが、土で作る「塑像《そぞう》」である。心木に縄を巻いて粘土を二、三層に分けて盛っていく造形法だ。8世紀前半に唐から伝わり、多くの像が生み出された。同時代には、漆と布を使った「乾漆像《かんしつぞう》」も数多く造られ、興福寺の阿修羅像などが現存している。

しかし、より重要なのは、鑑真がもたらした木造彫刻技術だろう。戒律をもたらしたことで知ら

木造彫刻技術を日本に伝えたとされる鑑真（左）とガンダーラで１世紀頃につくられた釈迦像（右）

れる鑑真だが、実は日本にやってきたとき、石仏を造る造仏師も連れてきていた。しかし、仏像を造ろうにも、緑の多い日本には、石仏に適した岩場がなかなかない。

そこで注目されたのが、当時最先端の技術だった木造彫像なのだ。

素材が豊富で、塑像や乾漆像よりも耐久性に優れている。そのため木造彫刻は徐々に消化されていき、日本の作仏の中心を担うようになったのである。

なお、意外なことに仏像のルーツは古代ギリシャ文明にまでさかのぼる。

仏像が初めて作られたのは1世紀半ば頃だといわれているが、舞台の一つはギリシャやローマ、オリエント文化の影響が強い、インド西北部のガンダーラ地方だった。

顔の彫りが深く、髪の毛もウェーブ状。これが別地域の作例と融合し、中国、朝鮮半島、日本へと伝わったのである。

12・仏像はどこを見ると区別できる？

優美なものや荘厳なものまで、仏像の世界は奥深い。なんとなく見ているだけでも楽しめるが、いくつかポイントを押さえることで、さらなる魅力を味わえるはずだ。

仏像の種類は大きく分けて四つ。「如来《にょらい》」「菩薩《ぼさつ》」「明王《みょうおう》」「天部《てんぶ》」だ。髪型や服装、持ち物などにそれぞれの特徴が出ているので、簡単に見分けることができる。

まずは「如来」。前述したように、「覚りを得た者」という意味だ。修業を完成させたあとなので、華美な装飾品はつけていない。ほとんどが衣をまとっただけの質素な姿である。経典に基づき、身体の特徴が立体化されているが、一番の大きな特徴は、パンチパーマのような「螺髪《らほつ》」という髪型だろう。仏像によって数は異なるが、基本は右巻き。隆起した頭頂部は頂髻相《ちょうけいそう》と呼ばれており、**インドの貴人の髪型が反映されている**と考えられている。

如来の次の位が「菩薩」だ。こちらは釈迦の出家前、王子時代をモデルにしており、如来と違って天衣《てんい》をはおり、豪華な装飾品を身につけている。髪は高く結いあげられていて、王冠が飾られて

元興寺の薬師如来像（左）とメトロポリタン美術館所蔵の不動明王（右）。同じ仏像でも、時代や地域、種類によって、見た目は大きく異なる。

いるものもある。エレガントで中性的な立ち姿が特徴だ。

そんな菩薩と真逆の像が、「明王」である。如来の教えに従わない人間を叱咤激励するために、「忿怒相《ふんぬそう》」という怒りの形相をしている。髪型もメラメラと逆立っていたり、武器を持っていたり、炎の光背が多かったり、激しく猛々しい作りである。如来や菩薩は多くが蓮台《れんだい》に座っているが、明王は岩や動物の上に乗っている場合もある。

最後の「天部」は、古代インドの神々に由来した仏教の守護神。音楽や戦いなど特別な才能や個性を持っているので、装身具や立ち姿はバラエティー豊かである。如来、菩薩、明王は性別を超えた存在だが、天部は男女がはっきり区別されているため、民間でもよく信仰された。

これが仏像の基本だ。鑑賞の際には仏像が信仰対象だということを忘れないでおきたい。つい感動して、観光の思い出にパシャリと写してしまいがちだが、まずはお参りを優先し、真摯な気持ちで向き合いたい。

13・仏像の手の形にある意味とは？

お寺巡りの醍醐味といえば、ご本尊の仏像を見ること。見どころはたくさんあるが、ぜひ手の形=印相《いんそう》に注目してもらいたい。そこには仏教的な意味が込められており、仏像やお寺が何を表現しているのか、理解する手助けになるからだ。

代表的なものは、「釈迦の五印《ごいん》」と呼ばれる五つの印相。経典に描かれた釈迦の仕草が元ネタだ。

まず、掌を正面に向けながら、両手を上下別々に上げる「施無畏印《せむいいん》」と「与願印《よがんいん》」。上へ向ける方が施無畏印で、人々から恐怖を取り除き、安心させるための形である。一方の与願印は、民衆の願いを叶え、望む物を与えることを意味している。右手で施無畏印、左手で与願印を作るのが普通だ。

親指をつけながら両手を重ねる印相は、「定印《じょういん》」と呼ばれる。なんとなく静かな印象を受けるが、それもそのはず、この印相は、仏が瞑想をしていることを示しているのだ。阿弥陀如来像は親指に人差し指も付けているため、目印になるだろう。

四つ目の「説法印」は、その名のとおり仏が説法をするための印相だ。胸まで上げた両手の指で

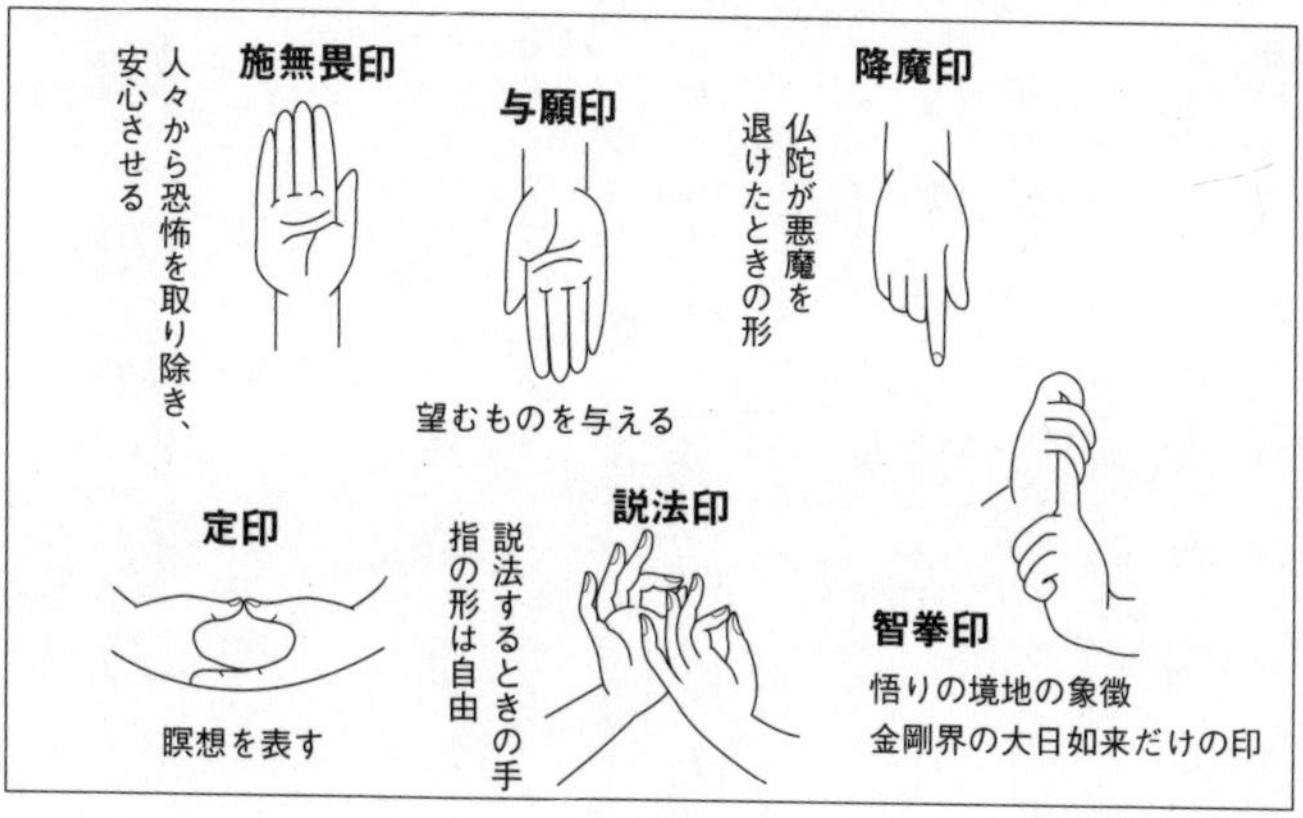

主な印相

輪を作る形がよく見られる。指の形をどうとるかは自由なので、仏像による微妙な違いを楽しむことができる。

そして最後の印相が、修行を妨害したマーラを釈迦が退散させたときの手を再現した「降魔印《ごうまいん》」。右手の人差し指を地面に向けた形である。

この他にも印相はたくさんある。密教系の仏像では、左手の人差し指を右手で握る印相がよく見られる。悟りの境地や仏と衆生の一体化を示す、「智拳印《ちけんいん》」である。

また、印相の話なら、阿弥陀如来像の「九品印《くほんいん》（九品来迎印）」は欠かせない。生前の行いに応じて、その印相は9種類にも変化するのだ。

例えば、最も善行を積んだ者は、重ねた両手で親指と人差し指の輪を作った「上品上生《じょうぼんじょうしょう》」で迎えられるが、極悪人は、右手を上に、左手を下にして親指と薬指の輪を作った「下品下生《げぼんげしょう》」で阿弥陀如来は現れる。民間信仰の篤い阿弥陀如来らしい作例と言えるだろう。

14・阿弥陀仏《あみだぶつ》のいる極楽浄土《ごくらくじょうど》ってどんな世界？

仏教用語は、勘違いされて使われることが多い。「極楽浄土《ごくらくじょうど》」もその一つ。天国と同じ意味で使われることがあるが、天国はキリスト教などの価値観で、仏教の極楽浄土とはまったく関係がない。

仏教では、無数の浄土が存在し、それぞれに仏が住んでいると考える。そんな数ある浄土の一つが極楽浄土で、阿弥陀如来が作った仏の国の一種である。逆に地上は、穢《けが》れに満ちた穢土《えど》と呼ばれる。

釈迦在世中にはこのような教えはなかったが、中国の天台宗で浄土という価値観が広まり、それが日本でも広がるようになった。四段階ある浄土を覚りの世界とみなすのに対し、六道を穢土ととらえ、迷いに満ちて苦しい世の中だと考えるのが、その特徴だ。

「西方極楽浄土」とも呼ばれるように、極楽浄土はこの世から西方十万億仏国土にあるとされるが、これは単に遠い場所にあるという意味ではない。輪廻の輪から解脱した世界なので、迷いの世界にいる者は到達できない領域だ。それはつまり、一度極楽浄土へ行くことができれば、輪廻転生から外れることができる。六道の天界と同一視されることもあるが、輪廻転生をするかしないかという

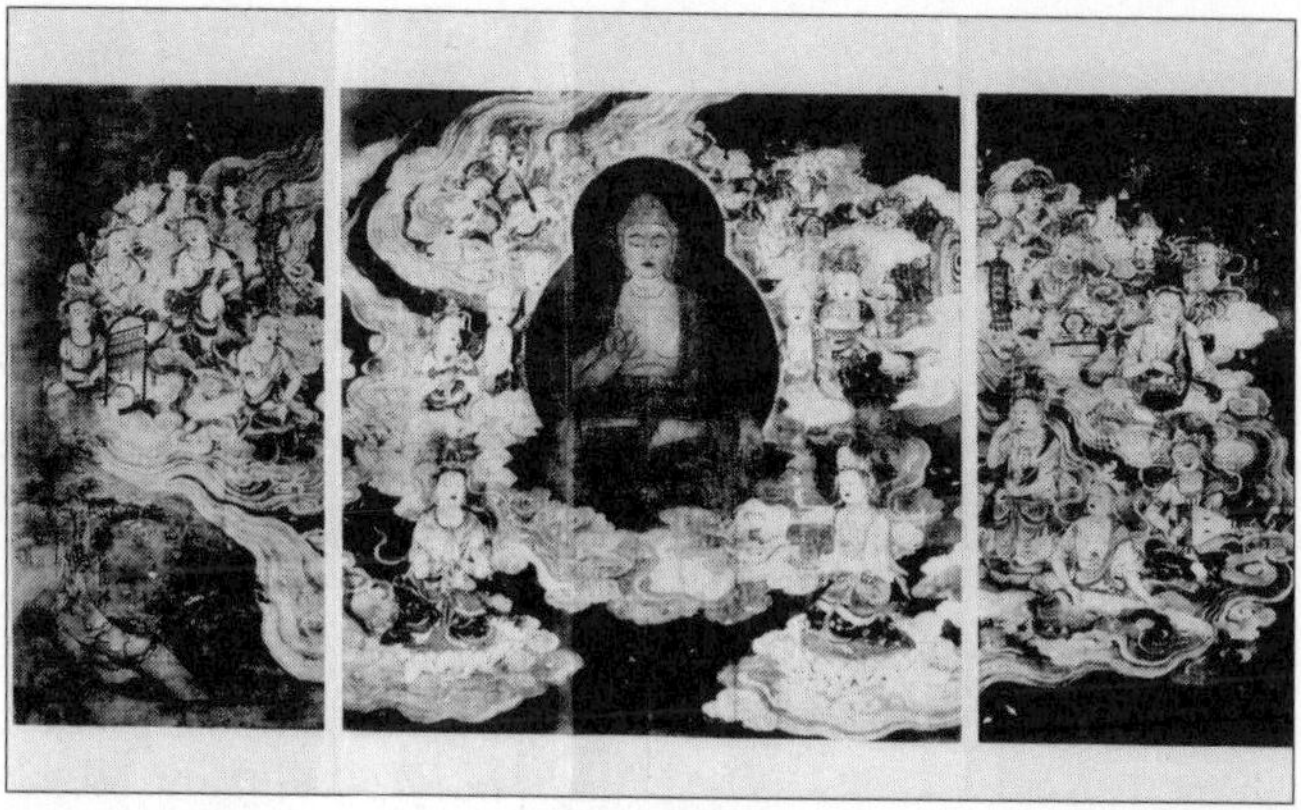
阿弥陀如来による迎えの様子を描いた国宝の聖衆来迎図（『絶代至宝帖』国会図書館所蔵）

非常に大きな違いが、両者にはあるわけだ。

極楽浄土へ転生する者は、今際に阿弥陀仏から招待される。そうして導かれた先の世界は、まさに仏の楽園。宝石が咲いた木々が無数に植えられ、金銀の砂が敷き詰められた川や池の水は、一口飲めばあらゆる患いが癒される。立ち並ぶ500億もの宮殿や楼閣は、どれもが四宝の建物と七宝の庭園を備えた煌《きら》びやかな構造だ。

そこに住む人々もまた美しい。豪華な衣装を着た体は金色に輝き、地上で想像がつかない美しい容貌を持つ。空腹を感じれば自然と食事が現れ、終われば食器ごと消え去るように、住人はあらゆる苦痛を感じることもない。

まさに悦楽を極めた土地であるが、目的は住人を楽しませることではない。あらゆる苦痛が除かれているのは、修行に集中するための配慮だ。住人は一日中聞こえる仏の教えを忠実に守り、日夜修行を励む。いわば極楽浄土とは、阿弥陀如来が用意した仏のための修行場なのである。

15・地獄ってどんなところ？

悪人が死後に落ち、悪鬼から絶え間無い拷問を受け続ける世界。これが、地獄だ。仏教における地獄は、地下約5万キロにあるというまさに地下の監獄。広さも途方がなく、8階層に分けられた地獄の面積は1階層につき1辺約1万由旬《ゆじゅん》（7万キロ）にもなる。その恐ろしすぎる世界を紹介しよう。

人は死ぬと三途《さんず》の川をわたり、生前の罪を裁く法廷で審判を受ける。この法廷の裁判長の一人がご存じ閻魔大王《えんまだいおう》だ。インドにも閻魔に当たる神はいたが、裁判官になったのは、中国に伝わってから。亡者の審判を行う十王《じゅうおう》と同一視されたことで、あの閻魔大王のイメージが完成した。

閻魔大王たちが下す判決により、罪人は程度に応じて地獄に落とされる。最も軽い地獄は、最上層の「等活《とうかつ》地獄」だ。殺生をした者が落とされ、罪人同士での殺し合いを強制される。その期間は約1兆6500億年。次に重い地獄が「黒縄《こくじょう》地獄」で、盗人を鋸《のこ》でバラバラにし、あるいは釜茹でや油責めで殺しては復活させる地獄である。刑期は約13兆年に増えるが、まだまだ序の口だ。

姦淫の罪人は針山を登る「衆合《しゅうごう》地獄」に落とされ、飲酒の常習者は「叫喚地獄」で鉛を飲まされる。

地獄の世界を描いた『地獄草紙』の一場面。罪人は炎を発する石の雨に打たれている。

嘘をつけば舌を抜かれる「大叫喚地獄」行きだ。仏の道理を無視した者は、「焦熱地獄」の業火で丸焼きにされ、もし尼僧に乱暴をふるっていたら、これまでの地獄を見せられてから、「大焦熱地獄」で炎の渦へ叩き落とされる。

そして、**最も罪深い者の行く地獄が「阿鼻《あび》地獄」**である。落ちるごとに苦痛が10倍に増えるこれまでの地獄に対して、阿鼻地獄の苦しみは大焦熱地獄の１０００倍。これまでの地獄に該当する全ての罪を破った者は、２０００年も落下し続けて最下層にたどりつくと、巨大な番犬や無数の鬼、毒蛇、毒虫に絶え間なく殺される。しかも刑期はほぼ無限。「無間《むけん》地獄」という別名があるのも肯《うなず》ける。

これら「八大地獄」が有名だが、実は地獄はもっとある。極寒で苦しめる「八寒《はちかん》地獄」や罪状ごとに細かく分けられた「副地獄」など、全てを合わせると、仏教の地獄は１２０以上にもなるのだ。苦しい世界を描き出すことで、当時の人々は理想の生き方を探ろうとしたのかもしれない。

16・曼荼羅《まんだら》は仏の世界を描くためにつくられた？

幾何学的な文様の中に、仏がびっしりと描かれた絵画や掛け軸。いわゆる「曼荼羅《まんだら》」である。サンスクリット語で「壇」や「輪円」を意味する言葉だ。インドをはじめ、中央アジア、中国、朝鮮半島に広がり、日本のお寺でも非常に尊ばれた。一見難解な曼荼羅だが、いったいどのような意味を持っていたのだろうか？

結論から言えば、曼荼羅が表しているのは、密教の宇宙観、覚りの世界である。

密教では、大日如来は宇宙の法則そのものを体現していると考える。覚りを開けばその境地に至ることができるが、密教の深淵な教えは、経典だけを学んでいては理解することができず、図像が必要不可欠だと説いている。つまり、曼荼羅は単なる仏具ではなく、覚りに至るために欠かせないものだったのである。だからこそ、密教では瞑想の修行を曼荼羅の前で行っているのだ。

そんな曼荼羅を代表するのが、「金剛界《こんごうかい》曼荼羅」と「胎蔵界《たいぞうかい》曼荼羅」だ。見分けるポイントは、大日如来の周りの区画。正方形に近い九つの区画があれば金剛界曼荼羅、そうでなければ胎蔵界だ。

金剛界曼荼羅（左）と胎蔵界曼荼羅（右）

前者は金剛石（ダイヤモンド）よりも硬い大日如来の叡智を表現し、後者は大日如来の大いなる慈悲心を表している。これらは「両界《りょうかい》曼荼羅」と呼ばれ、密教で最も一般的な曼荼羅として重宝されている。

この他にも、大日如来以外の仏を中心にした「別尊曼荼羅」や、仏を文字で表した「種子《しゅじ》曼荼羅」、仏の持ち物や関連施設を描いた「三昧耶《さんまや》曼荼羅」など、ユニークなものが多い。

そしてその勢いは、多宗派にまで広がった。伝来当初こそ密教のみで見られた曼荼羅だが、後にさまざまな宗派でも作られるようになる。阿弥陀如来を主軸とする浄土真宗の「当麻《たいま》曼荼羅（浄土曼荼羅）」、神道の神々の姿を集めた「熊野曼荼羅」など、全国で多数の曼荼羅がつくられた。密教のように、宇宙観の表現を意図する意味合いはかなり薄いものの、そのインパクトから多くのパターンが生まれたのだろう。

17・仏教の世界観「須弥山《しゅみせん》宇宙」とは？

仏教の世界観を代表する六道輪廻。肉体が滅んでも、魂は六つの世界を転生する。それが輪廻だ。輪廻の世界はすべて同じ次元、言うなれば一つの宇宙に収まっている。その宇宙こそが、「**須弥山《しゅみせん》宇宙**」である。そのスケールの大きすぎる世界観を、ここでは紹介しよう。

まず目につくのは、中心に立つ須弥山だ。天道のある世界で、神々や菩薩が修行に励んでいる。その周りに並ぶのが、九つの山々。内側から順に持双山《じそうせん》、持軸山《じじくせん》、檐木山《えんぼくせん》、善見山《ぜんけんせん》、馬耳山《ばじせん》、象耳山《ぞうじせん》、尼民達羅山《じみんだつらせん》、鉄囲山《てっちせん》といい、山と山の間には八つの海がある。この山脈と海が「**九山八海**《くせんはっかい》」だ。

このうち、我々が住む世界があるのが贍部州《せんぶしゅう》という場所で、地下には餓鬼道と地獄道がある。修羅道と畜生道は別の場所にあるが、同じ宇宙に存在することに変わりはない。これが大まかな構成だ。

須弥山宇宙の特徴は、なんといってもその広さ。面積約56万由旬《ゆじゅん》、海底約8万由旬の海に立ち、海抜は約8万由旬、山の幅も約8万由旬という大きさである。1由旬は約7キロ。つまり、**須弥山の高さは約56万キロ**にも及ぶ。もし須弥山が地球にあれば、約40万キロ離れた月の向こう側にまで

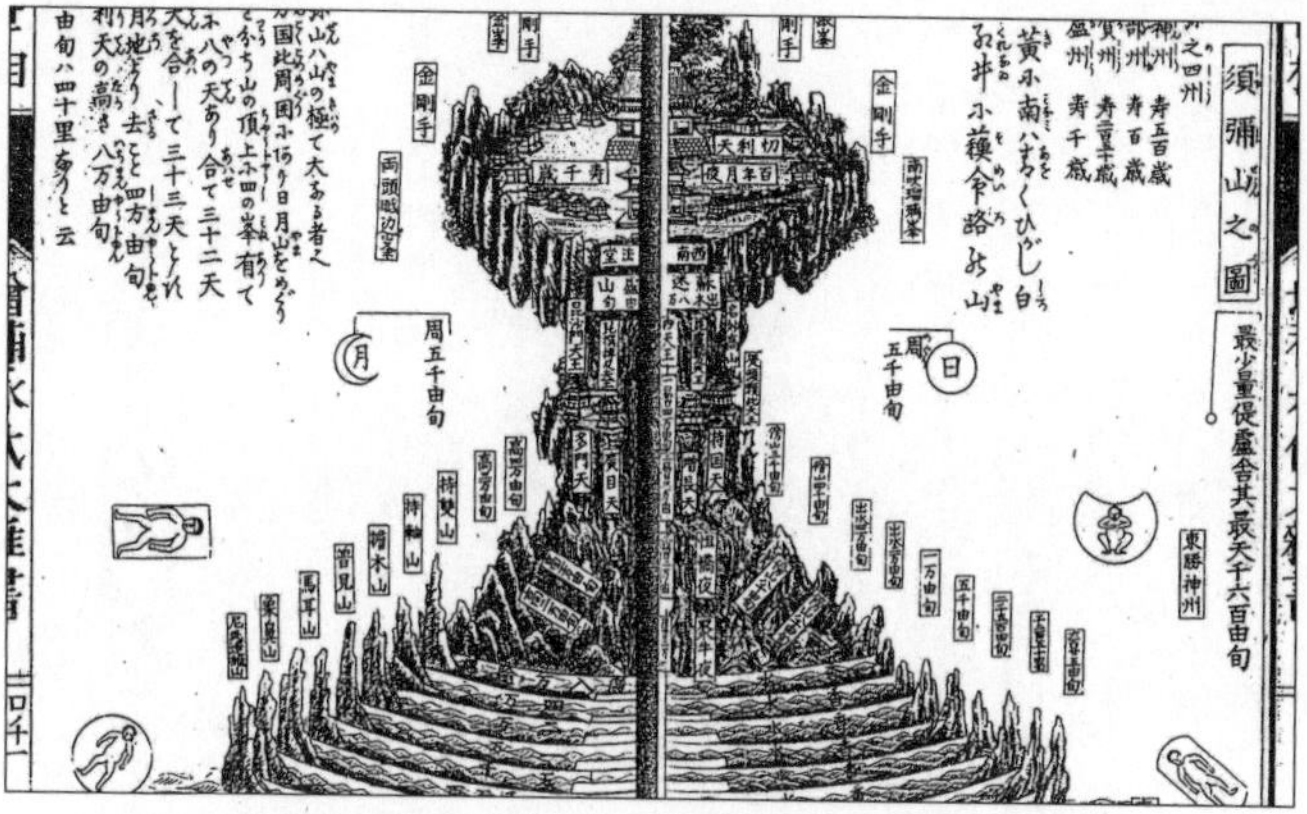

明治時代に描かれた須弥山の図（『永代万暦大雑書』国会図書館所蔵）

達するほどの高さである。

そしてもう一つの特徴が、独特の層状の世界観だ。巨大な須弥山と九山八海は「金輪《こんりん》」という円筒で支えられ、その下には「水輪《すいりん》」「風輪《ふうりん》」が連なっている。その直径は、約10万阿僧祇由旬《あそうぎゆじゅん》。現代科学で観測可能な宇宙が何十何百と入ってしまうほどのスケールだ。この途方もなく巨大な山脈自体も、その何倍も広い虚空の中に浮かんでいる。これが六道輪廻の舞台である須弥山宇宙の全容だ。

こうした須弥山宇宙の概念には、インド神話や哲学の価値観が反映されている。時間を循環するものととらえ、そこに独特の世界観を築いたその文化があったからこそ、仏教は現在のような悠々とした体系になったのだろう。

なお、こうした思想は仏画や庭園に投影されて、日本のお寺にも影響を与えている。とくに、石庭は須弥山の世界を表現したものも少なくない。お寺を訪れる機会があったら、そうした点に注目するのも楽しいだろう。

18・お寺の門を「山門《さんもん》」と呼ぶ理由とは？

山門《さんもん》とは、寺の入口にある正門のこと。寺院建築にとって、外せない要素である。神社の入り口にあたる鳥居が神の世界と俗世の境界だとされるように、山門も仏の世界と世間を隔てる大事な境だ。

では、それが正門や門ではなく、「山の門」と書くのはなぜだろう？　そのルーツは、平安時代後期に広がった密教にまでさかのぼる。

平安時代、密教寺院の多くは山岳部に建てられた。背景には、奈良時代に政治との結びつきが強くなった、仏教界への反発がある。僧侶は政治顧問として重宝されたが、世俗社会とのつながりが深くなり、堕落する出家者が増えていた。密教側には、世俗社会からの脱却を図り、出家者が修行に専念できる環境を整える目的があったのだ。

当初から政治との関係が深かった密教もすぐに世俗化したものの、当初の名残から、寺の門は山門と呼ばれるようになったわけだ。ちなみに、「山号」という称号も、密教に由来すると考えられている。

神護寺の山門（© Tetsuhiro Terada）。京都中心地から離れた山中にあり、紅葉の名所として知られる。

なお、山門は「三門」と呼ばれることもあるが、これは単なる当て字ではない。三門とは「三解脱門《さんげだつもん》」の略語のこと。最も大きな煩悩の愚痴・貪欲・瞋恚《しんに》（怒り）からの解脱を意味する。この他にも、無心で仏に祈りを捧げる「空・無相・無願」や、思想の違いを乗り越え仏門入りする「三乗」の意味も込められている。

では、南大門や中門などとの違いは何なのだろう？実は、これらが意味するところは同じ。役割や構造によって、呼び名が変わるに過ぎない。

例えば、飛鳥・奈良時代のお寺にある門は、南方や境内に置かれたことから「南大門」「中門」と呼ばれる。代表は、東大寺南大門だ。仁王像を左右に設置した山門は「仁王門」とも呼ばれるし、仁和寺のような門跡《もんぜき》寺院にある煌《きら》びやかな山門は、皇族を迎える「勅使門《ちょくしもん》」である。

一口に門と言っても、その種類はさまざま。それだけ多くのお寺が日本にあるということなのだろう。

19・「院《いん》」「門跡《もんぜき》」「寺《てら》」の違いは？

お寺といえば仏教。当たり前だと思われがちだが、意外にも、「寺」は中国で「役所」を意味する漢字だった。仏教施設を意味するようになったのは、そこに僧侶が住み込み、仏像を安置し修行をするようになったから。これが日本に伝わって、寺という字が浸透したわけだ。それでは、同じく仏教施設を指す「山」や「院」という言葉には、どのような意味があるのだろうか？

「山」という字は、正式には**「山号《さんごう》」**という。48ページで紹介したように、平安時代、密教系の寺が山岳地に多くあったことから生まれた名称だ。奈良時代以前に平地に建てられた寺のように、すべてのお寺が山号を持っているわけではないが、山とお寺の結びつきは深い。寺の門を「山門」と呼ぶことや、宗派の重要なお寺を「総本山」と呼ぶことなど、その影響は随所に見られる。

では、お寺を「寺院」と呼ぶのはなぜなのだろう？　院はもともと建物の呼び名で、日本では僧侶の居住区や学び舎を意味する用語としても使われていた。院はお寺の領域に建てられることが多かったため、両者をあわせて「寺院」という呼び名ができた、というわけだ。

門跡寺院・仁和寺の庭（© 663highland）。堂宇や仏像をはじめ国宝・文化財が多い。2018年7月には拝観料収入減少に対処すべく、1泊100万円の宿泊施設を設置した。

お寺の正式名称は、こうした「山号」「院号」「寺号」を組み合わせて作られる。例えば、浄土宗の総本山で法然が開いた知恩院は「華頂山《かちょうざん》知《ち》恩教院《おんきょういん》大谷寺《おおたにでら》」が正式名称。弘法大師三大霊場の一つ善通寺《ぜんつうじ》も、「五岳山《ごがくさん》誕生院善通寺」とするのが正しい。

もちろん、院号のない金龍山《きんりゅうざん》浅草寺や、山号がない興福寺のような寺院もあり、明確な区別があるわけではない。慣れ親しんだ呼び名を知っていれば、十分だろう。

お寺の呼び名でもう一つ、日本独特のものがある。それが「門跡《もんぜき》」だ。一門が代々継承する寺や住職を意味する言葉だったが、平安時代から変化が起きた。10世紀に宇多《うだ》天皇が仁和寺《にんなじ》で出家して居を構えると、次第に皇族や上級貴族が出家したお寺を示す称号となったのである。

鎌倉時代には制度化し、江戸時代が終わるまでこの制度は続いたが、現在でも皇族が行事に参加するなど、皇室とのゆかりは深い。

20・仏教に語源を持つ用語は？

普段使う言葉には、意外なほどに仏教由来のものが多い。例えば、人が人と出会った時に交わす「挨拶《あいさつ》」。押すことを表す「挨」と迫ることを意味する「拶」が合わさった仏教用語である。禅宗では、相手の知識量を知るための問答を「一挨一拶」と言っていた。これが民間に伝わって、応答・返礼に転じて使われるようになったのである。そんな仏教由来の言葉をいくつか紹介しよう。

四文字熟語にも仏教を語源とする用語が多数ある。「阿鼻叫喚《あびきょうかん》」や「因果応報」などは、それぞれ地獄の惨状や六道輪廻の様子が基になっている。

また、時間のとらえ方が長い、仏教ならではの漢字もある。例えば「劫《ごう》」という漢字。時間の単位なのだが、これがとてつもなく長い。「100年に一度降りてくる天女が羽衣で7キロ立法の石を軽くこすり、摩擦でなくなっても余りある時間」もしくは「7キロ立法の箱にケシを詰め、100年に一度1粒取り出し、空になっても余りがある時間」が劫の長さだ。この劫を1億倍にしたのが、面倒を意味する「億劫《おっくう》」である。退屈な様子がよく表れていて面白い。

達者	真理に到達した者。
外道	仏教以外の宗派のこと。悪い意味はない。
用心	心構え、気遣いのこと。
微妙	思いもよらないほど勝れていること。「みみょう」と読む。
覚悟	あきらめる(「明らかにする」という意味)こと。
玄関	玄妙な道に入る門。禅宗でよく使われた。
知事	僧侶の役職の一つ。財産管理や事務などを担った。
一大事	仏陀がこの世に現れること。悟りを得ること。

仏教由来の言葉一例

また、仏教由来の言葉には、本来とは逆の意味で用いられていることも多い。代表は「無」を使う用語だ。「無」は「何もない」と負のイメージで使われるが、仏教では「教わることがない」などプラスの意味も多い。「無学者」は「学ぶべきことがない賢人」だし、「無念」や「無所得」は煩悩からの解放を意味する。

もう一つ、「他人任せ」という意味で用いられることが多い「他力本願」も、本来は「阿弥陀如来の力であらゆる人々を仏にする願い」を意味する。

これらとは逆に、仏教と関係がないのに仏教用語だと勘違いされる言葉もある。厄日を表す「仏滅」だ。もとは「物滅」で、仏教的な意味はなかった。むしろ仏教で、「滅」は煩悩のない爽やかな心境を表す言葉。負の言葉に使われることはないのだが、明治時代以降の運勢暦で仏滅と書かれたことにより、仏教関係の言葉と誤解されるようになったのである。

21・寺を「てら」ではなく「じ」と読むのはなぜ？

寺院の名前、いわゆる寺号には、大阪の四天王寺《してんのうじ》や奈良の東大寺のように音読みをするものと、京都の清水寺《きよみずでら》など訓読みをするものがある。だが現在、寺院の大半は音読みの寺号が付けられている。それはなぜなのだろう？

仏教伝来時、当然ながら経典は、中国語で記されていた。そのため日本の僧が経典を読唱する際には、中国語をベースにした音読みを用いるのが一般的だった。その慣習から、寺号にも音読みが当てられるようになったと考えられている。

これを後押ししたのが、679年に天武天皇が発した「諸寺の名を定む」という命だ。仏教政策の一環としてこの命が出されたことで、仏教の法語、すなわち音読みの漢字を用いた寺号が定着するようになったのである。奈良の飛鳥寺に「法興寺《ほうこうじ》」という音読みの別称が付けられたのにも、この命の影響があると考えられている。

一方、寺号はその土地の名が由来になることも多い。その場合、地名が訓読みでも、寺号が音読

音羽の滝で話し合う賢心（左）と行叡（右）。この二人が清水寺創建に携わったと伝わる。

みになることもあった。「浅草の浅草寺」がその例だ。

では、冒頭の清水寺はどうだろうか？　実は、はじめは清水寺という名前ではなく、創建された9世紀初頭は、「北《きた》観音寺《かんのんじ》」という音読みの寺号だった。だが、境内にある「音羽《おとわ》の滝」の清水が命を永らえさせるとして神聖視されるようになると、「清水寺」と呼ばれるようになったという。

ちなみに、仏教伝来当時、音読みの基礎になっていたのは、「呉音《ごおん》」という漢字音だったと考えられている。日本でもこの呉音をもとに経典が読まれていたが、7世紀頃から中国大陸は隋・唐によって統一され、北方系の「漢音《かんおん》」と呼ばれる漢字音が使用されるようになる。

それを受け、朝廷も720年、漢音で仏典を読むべきだと詔勅《しょうちょく》を発令。ところが、仏教界では呉音が広く浸透していたため、漢音が普及することはほとんどなかった。

「暦」は漢音では「れき」だが、呉音では「りゃく」。そのため比叡山延暦寺も「えんりゃくじ」と読まれるのである。

東大寺の二月堂を描いた錦絵。東大寺は二度の戦火に見舞われたが、二月堂は焼失を免れた。ただ、二月堂も1667年に儀式中の失火で焼失しており、現在の堂舎はその2年後に再建されたもの（川瀬巴水「日本風景集II関西篇　奈良　二月堂」）

第二章

有名寺院の知られざるルーツ

22・法隆寺《ほうりゅうじ》を建てた聖徳太子《しょうとくたいし》は謎だらけ？

世界最古の木造建築「法隆寺《ほうりゅうじ》」。世界遺産にも登録されており、歴史的な価値が非常に高い。しかし、創建当初の史料が少ないために案外謎が多く、幾度も論争が巻き起こってきた。中でも大論争となったのが、法隆寺が後世に再建されたとする「再建説」だ。

この主張が唱えられたのは、明治時代の前半頃。それまで、法隆寺は創建時の姿をとどめていると考えるのが一般的だったが、「法隆寺は一度焼失した」と記す『日本書紀』の記述を基に再建説が提唱され、激しい論戦になったのである。

長く論争は続いたが、軍配は再建説に上がった。戦後に木材の年代測定が行われ、650年代以降の木が使われていたことがわかったからだ。それでも、再建された建物が680年代までに建造されたことは間違いないため、世界最古の木造建築という地位は揺らいでいない。

法隆寺を巡る謎は、これだけではない。そもそも、法隆寺を創建したと伝わる聖徳太子自体に謎

聖徳太子の肖像画（左／国会図書館所蔵）と法隆寺西院伽藍（右／© 663highland ）

が多い。

聖徳太子といえば、十七条憲法で仏法を大事にするよう説き、法隆寺や四天王寺を建立するなど、仏教普及に力を尽くしたことで知られるが、『日本書紀』などの史料には、太子の具体的な功績がほぼ描かれていない。太子の功績としてまず挙がる遣隋使の派遣も、現在では蘇我馬子が主導したと考えられているのだ。

ただし、太子が仏教へ熱心に帰依したことは確かなようだ。太子直筆かどうかで意見が分かれている『法華《ほっけ》義疏《ぎしょ》』（法華経の注釈書）も、最近では直筆説が支持を集めているし、法隆寺創建のいわれを伝える金堂の釈迦三尊像光背銘も、論争の末、現在では信ぴょう性が高い史料とみなされている。

10人の話を一度に聞くことができた、というのはおおげさだが、魅力的な人物だったからこそ、そんな伝説に彩られたのかもしれない。

23・四天王寺《してんのうじ》に鳥居があるのはなぜ？

近畿地方には、ヤマト王権時代に創建された歴史ある寺院が多い。中でも大阪にある四天王寺《してんのうじ》は、いろいろな意味で独特である。

四天王寺は、聖徳太子ゆかりの寺だ。戦争勝利の祈願が叶ったことで、厩戸皇子《うまやどのみこ》（聖徳太子）が建立したと伝えられている。そのため境内東側には、聖徳太子を祀る聖霊院《しょうりょういん》が置かれている。残念ながら幾度も焼け落ち、創建時の伽藍は残っていないが、官寺としては最も古いとされている。

仏教伝来初期のお寺ということもあり、百済《くだら》・大陸系の影響を色濃く受け、朱塗りの堂舎が目を引く。しかしユニークなのは、**西大門前に石鳥居がある**ことだ。

この鳥居が造られたのは、1294年のこと。それ以前にあった木造の鳥居を、石造に改めて設置された。鳥居にかけられた額には、「極楽浄土の東門」を意味する一文が見える。神社の一部であるはずの鳥居が、なぜ四天王寺にあるのだろうか？

実は、**鳥居はインドにルーツがあるという説がある。**それが、古代インド寺院にあった、トラー

四天王寺にある石鳥居（© KENPEI）

ナという門だ。トラーナとは、仏塔を囲む四つの門で、その形状は現在の鳥居とよく似ている。確かなルーツはわかっていないものの、もしも由来が仏教にあるなら、鳥居がお寺にあっても不思議ではない。

　しかしルーツ以上に重要なのは、鳥居がずっとお寺に在り続けたことだろう。その理由は、神仏習合の影響を受けてきたからだと考えられる。

　見過ごされがちだが、聖徳太子は仏教だけでなく、神道の興隆にも力を入れていた。四天王寺の周囲にも「四天王寺七宮」という七つの神社を守護神として置いている。8世紀になると、神社の境内にお寺が建てられるようになり、両者の繋がりが深化。お寺と神社の習合が、非常に強くなったのだ。明治時代に神仏分離令が出されて両者は区別されるようになったが、京都・化野念仏寺《あだしのねんぶつじ》や奈良・宝山寺のように、現在でも鳥居のあるお寺は少なくはない。四天王寺の鳥居も、神仏習合の名残りだと考えるのが、自然だろう。

24・仏教伝来より古いお寺がある？

仏教が伝来した時期は諸説あるが、通説では538年もしくは552年とされている。しかし、これはあくまで国家間の公式ルートで伝わった年代。民間では、もっと早くから仏教が信仰されていた。そのためか、仏教公伝以前に創建されたと伝わる寺も、いくつか存在する。

例えば、平安時代の歴史書『扶桑略記《ふそうりゃくき》』は、明日香村坂田にあったとされる「坂田寺」が、522年に建立されたと記している。坂田寺を建てたのは、渡来人の司馬達等《しばたっと》。日本に来る前から仏教を信仰していた達等は、坂田に草堂を建てて仏像を安置していた。地元民が「大唐神」と呼んだこの草堂が、やがて尼寺に発展したという。

とはいえ、『日本書紀』ではそれよりも60年以上あとになって坂田寺は創建されたと記されているため、後世の創作である可能性は十分ある。

この坂田寺と同じく、福岡県田川郡の英彦山《ひこさん》にある「霊泉寺《れいせんじ》」も、創建時期は仏教公伝より7年も早い531年とされる。渡来人の善正が開いた修行場を起源としており、一時は荒廃したものの、

4世紀に創建されたという縁起のある青岸渡寺。修験道の一大聖地だった。

平安時代に復興。江戸時代には修験道の拠点として数千人規模の修行者を抱える大寺院になり、現在も英彦山修験道の総本山となっている。さらには大分県の檜原山《ひばるさん》にある正平寺も、488年を創建とされている。

しかし、霊泉寺は創建時期を確定できる史料がなく、正平寺も江戸時代の書物を根拠としているため、信ぴょう性は低い。

これらに限らず、お寺や仏像には、由来を飾るために後世になってつくられた「縁起」が少なくない。和歌山県の那智山《なちさん》にある青岸渡寺《せいがんとじ》のように、4世紀に天竺《てんじく》(インド)からわたってきた上人《しょうにん》が滝で得た観音像を安置したのを始まるとしているが、信頼性のある史料や発掘調査の裏付けがあるわけではない。山岳信仰の修験道場だったという性格から、神秘的な縁起が生まれたのだろう。本格的な最古のお寺は、やはり6世紀末に創建された飛鳥寺だといえそうだ。

25・東大寺は2度も焼け落ちていた？

「奈良の大仏」こと「盧舎那仏《るしゃなぶつ》座像」が鎮座する奈良の東大寺。仏教を国家安寧、朝廷安泰のために信奉した聖武天皇によって大仏は建てられたが、意外にも、建立時期は創建から20年以上経ってから。もともとは、聖武天皇が皇太子を供養するために建てた、金鐘山寺《きんしょうさんじ》というお寺だった。東大寺という名前になったのは、平城京遷都に伴い、大仏造立の地と決まったことがきっかけである。このとき「平城京の東側の寺」を意味する「東大之寺」に改称されて、747年までに東大寺という名称になった。

そんな東大寺には、国宝や重要文化財など、貴重な品々が残っているが、創建当時の堂舎はほとんど残っていない。というのも、勢力が強かったがゆえに、2度も焼き討ちの対象になったからである。

1度目の焼失は、1180年。源氏と戦っていた平家が、反抗する東大寺へ侵攻したことがきっかけだ。平清盛の五男・重衡《しげひら》によって、東大寺は大仏殿を含む伽藍の大部分が焼失。火事は意図的ではなく、事故だった可能性も指摘されているが、いずれにせよ、この事件が世間に与えた衝撃は

大仏を納める金堂。大仏殿と呼ばれることが多い。高さ約49メートルと、東大寺の中で最大。

大きかった。

平家滅亡後には重源上人と鎌倉幕府によって再建されたが、戦国時代になると、再び不運に見舞われる。戦国の世においても、東大寺は奈良を代表する一大勢力。有力大名三好《みよし》家で内紛が起こると三好軍の本陣となっていたが、敵対していた松永久秀《まつながひさひで》によって攻撃され、巨大な大仏殿もろとも焼失してしまったのである。

このときの焼失も故意か事故かは諸説あるが、東大寺が壊滅的な被害を受けたことに変わりはない。しかも、鎌倉時代のときとは違い、今回は朝廷や幕府に東大寺を再建する余力はない。そのため、その後100年以上も大仏は野ざらしにされたのである。

現在の大仏は1692年に江戸幕府が再建したもの。創建当初の部材で残っているのは、蓮華座や胴体の一部のみだ。朝廷の保護を受けた大寺院でも、その歴史は苦難の連続だったのである。

26・軍事拠点援助のために造られた仏像がある？

豪華で巨大な仏像は、高度な技術や潤沢《じゅんたく》な資金がなければ造ることができない。そのため仏像は、ときに雄大さの象徴として、権力者の力を誇示してきた。最たる例が東大寺の大仏だが、都から遠く離れた九州にも、そんな仏像群が存在する。その舞台が、福岡県太宰府市にある「観世音寺《かんぜおんじ》」だ。

観世音寺は、天智天皇が母帝・斉明《さいめい》天皇の供養を目的に発願された。640年頃に発願され、約80年後の746年に完成したと伝わる。

この観世音寺に、平安時代中後期から鎌倉時代初期にかけて、仏像群が造られた。観音像や十一面観音立像、馬頭《ばとう》観音立像など、大きいものでは5メートルを超えていた。

いったい何のために、そんな大規模な仏像が建造されたのだろう？　これにはユニークな仮説がある。仏像群は「軍事施設を支援するために造られた」というのである。

きっかけは、663年にヤマト王権が唐・新羅《しらぎ》連合軍に敗北した白村江《はくそんこう》の戦いだ。この海戦に敗れたヤマト王権は、唐・新羅連合軍の追撃を非常に警戒するようになる。

戦前の観世音寺本堂内部の様子（『観世音寺大鏡』国会図書館所蔵）

観世音寺が建つ大宰府は、「遠《とお》の朝廷《みかど》」と呼ばれて海外交流の拠点だった地。朝鮮半島、中国の人やモノ、技術が大量に渡ってきた場所だ。そこため城塞を築いて防備を固める一方で、相手国の戦意を挫くための方策も練られた。そこで生まれたのが、大宰府の仏像群だというのだ。

観世音寺は、大陸の使節団を応対する施設の近辺にあった。巨大な仏像群の役割は、彼らへの示威行動だ。豪華絢爛な仏像群を造ることができるほどの国力を見せ、日本に攻める気をなくさせよう、というわけだ。

この仮説が正しいかはわからないが、観世音寺は国家権力の力が弱るにつれて衰退。1120年には東大寺の末寺となり、戦国時代には島津家によって本尊が鋳潰《いつぶ》され、刀の鍔にされるほどに荒廃した。それでも、江戸時代には一部が復興。大正になって仏像の修復が行われたことで現在では、16体の仏像を見ることができる。往時の勢いは失ったものの、西日本最大級の仏像群の威容は圧巻である。

27・平安時代に朝廷を動かすお寺があった？

現在では想像がつかないが、かつてお寺は、武家や公家に並ぶ一大勢力だった。寺院勢力は朝廷の庇護下で発展し、土地の私有が認められた8世紀半ばからは領地を開拓して寺領を形成。平安時代以降には、莫大な財力で独自の軍事力を擁する寺すら出てきたのである。中には**朝廷ですら侮れない力を持ち、時には国家を動かすお寺**もあった。そうした寺の一つが「**興福寺**《こうふくじ》」だ。

興福寺は、平城京遷都に伴い、710年に現在の地へ移転してきた藤原氏の氏寺である。朝廷によって伽藍の整備が進められ、日本の四大寺にも数えられたほど。平安時代になって藤原氏の権力が拡大すると、大規模な荘園を経営して、摂関家の親族が寺入りするほどの権勢を誇るようになった。そうした権力者との繋がりによって、興福寺は100以上の寺社を従属させ、戦国時代まで大和国（奈良県）を事実上支配したのである。

そんな予想外の拡大を続ける興福寺に、朝廷も頭を悩ませた。平安時代中期以降、興福寺は肥大化した力をもって、事あるごとに朝廷への「**強訴**《ごうそ》」を繰り返したからだ。

興福寺の金堂と五重塔（© 663highland）。2018年10月に、300年ぶりに再建された中金堂が落慶した。

強訴とは、簡単にいえば、力ずくで要求を呑ませる行為。寺に逆らった者の処罰や政策への抗議活動が多かった。要は恐喝である。しかしただの恐喝と違うのは、僧侶の集団が神輿《みこし》やご神木を担いで朝廷へ突入したことだ。

神仏を信仰することが当たり前だった当時、神輿やご神木に弓を引くことは、貴族たちにとってはご法度。祟りを恐れて手を出せなかった。しかも、興福寺が抱えていた兵力はなんと数千人規模。そのため朝廷が要求を拒むことは、ほとんどなかった。天皇を超える権力を持った白河法皇でも、寺の強訴に「山法師《やまほうし》（興福寺の僧兵）は是《こ》れ朕《ちん》が心に従はざる者」と嘆いたほどである。

しかも延暦寺のように、他の寺院でも強訴は行われ、室町時代までに200回以上を数えたという。

戦国時代以後も興福寺は徳川幕府の庇護下で栄えたが、明治の神仏分離政策で規模は縮小。その際に五重塔が250円で売られかけた話は有名である。

28・高野山は空海が開山する前から聖地だった？

空海による開山から2015年で1200年を迎えた高野山《こうやさん》。実はこの地が、空海がお寺を築く前から聖地として敬われていたことを、ご存じだろうか？

古代から、奈良・吉野や大峰山《おおみねさん》、和歌山・熊野といった紀伊山地は、山伏の修道場として有名な霊場だった。鬼神を使う、空を飛ぶなど超人的な伝説を残す7世紀の僧・役小角《えんのおずぬ》も、奈良の葛木山《かつらぎさん》(葛城山)を中心に修行を積んだという。高野山を含む紀伊山地は、そもそも聖地だったわけである。

高野山にも、独自の信仰が根付いていた。800年頃に高野山麓一帯に住んで水銀の発掘を行っていた、丹生氏と呼ばれる人々は、「丹生都比売神《にうつひめのかみ》(丹生明神《にうみょうじん》)」という神を祀っていた。「丹」は水銀の原料、「丹生」は丹の産地を意味している。

高野山に入った空海は、この土着の神を丁重に扱った。平安時代中期に書かれた『金剛峯寺建立修行縁起』に次のような内容が伝わっている。

空海が、寺院に適した場所を求めて高野山へ入ったときのこと。白と黒の2匹の犬を連れた、2

空海が祀ったと伝わる丹生都比売神社

メートルを超える「南山の犬飼」という狩人に出会った。狩人の正体は、丹生明神の子「狩場《かりば》明神」の化身である。
　この犬飼に導かれて丹生都比売神社を詣でると、空海はそこで、丹生明神から高野山を譲る神託を受けたという。現在も高野山で丹生明神と狩場明神が祀られているのは、こうした伝承に基づいている。つまり高野山は、土着の神と仏教の習合によってできた聖地だったのである。
　では、なぜ空海は丹生明神をそこまで大事にしたのだろうか？　その理由として、空海が丹生氏の水銀鉱脈を利用したという説がある。
　水銀は、化粧品や薬に利用された貴重な金属。当時は高値で取引きされていた。高野山に来る前から、空海は山々を渡り歩いて修行していたが、踏破したと考えられるのは、水銀の鉱床や産地ばかり。高野山で水銀利権を介して丹生氏と交流があったとすれば、彼らの神を祀ってもおかしくない。

29・空海ゆかりの東寺《とうじ》は一度荒廃していた？

京都駅の近くには、空海ゆかりのお寺がある。国宝・五重塔を擁する東寺《とうじ》だ。五重塔の高さは約55メートル。木造建築の中で日本一の高さを誇る。その他、東寺には、密教の世界を仏像で表現した立《りっ》体曼荼羅《たいまんだら》や、儀式に使う細密な仏画、空海が大陸からもたらした経典類など、貴重な品が数多い。

そんな豪華な東寺だが、意外なことに過去には半ば忘れられたこともあった。

東寺が創建されたのは、796年。正式名称は教王護国寺《きょうおうごこくじ》という。平安京鎮護のために建立された官寺である。それからおよそ30年後に空海へと下賜されたが、早くも平安時代も半ばを過ぎると、暗雲が立ち込める。お寺が位置した京の西部は、湿地が多く水はけが悪いという、人が住むには不向きな土地。豪雨や火事への備えも薄い。貴族や民衆は東側に移住して、東寺周辺は荒廃したのである。

そんなピンチを救ったのが、12世紀に流行した弘法大師《こうぼうだいし》信仰だ。弘法大師とは、入定《にゅうじょう》した空海へのおくりなのこと。死を迎えた当初こそ、空海への信仰は上流階層の間にとどまっていたが、時代を経ると超人的な逸話で彩られて広く信仰を集めるようになる。

京都駅からほど近い場所に立つ東寺。毎月 21 日に弘法市と呼ばれる縁日が開かれる。

これと同時に、京都における真言宗の拠点だった東寺も、信仰を集めるようになった。中でも後白河法皇の皇女・宣陽門院《せんようもんいん》は、法皇の死後に譲渡された所領から、膨大な荘園を東寺へ寄進。鎌倉時代以降にも、歴代天皇や足利尊氏、豊臣秀吉らが東寺を支援した。こうして東寺は、創建時の勢いを越えるまでに拡大することになったのである。

ちなみに、東寺と呼ばれているのは、平安京の正門にあたる羅城門《らじょうもん》の東側に設けられたためだが、所在地を地図でみるとおかしな点に気づく。そう、東寺は京都の中心である京都御所から見て、南西に位置しているのだ。

この矛盾は、京都御所の場所が変わったために起きたもの。桓武天皇が平安京を建設した際、大内裏《だいだいり》は現在の場所から約2キロ離れた場所につくられた。しかし、1227年にはそのほとんどが火災によって焼失。1331年に臨時の御所で光厳《こうげん》天皇の即位が行われたことから御所として使われ、やがて正式なものとして定められたのである。

30・三井寺《みついでら》の由来は3人の天皇にある？

園城寺《おんじょうじ》は滋賀県大津市に建つ天台寺門宗《てんだいじもんしゅう》の総本山。だが、この名が使われることは非常に少ない。通称の「三井寺《みついでら》」と呼ばれることが、圧倒的に多いからだ。

園城寺が建立されたのは、686年。大友皇子の子・大友与多王《よたおう》が、内乱で敗れた父を弔うために建立したと伝わる。与多王が自らの領地を全て差し出したことに天武天皇が感銘を受け、「園城」の寺号が送られた。平安時代には東大寺、興福寺、延暦寺と並ぶ「四箇大寺《しかたいじ》」の一つに数えられるほど、格式の高い寺だった。

そんな贅沢な由来があるのに、なぜその寺号を使わないのだろう？　ここにも天皇が関係している。

園城寺には、創建前から人々の信仰を集める湧水があった。龍神の加護があるとして信奉された「御井《みい》の霊泉《れいせん》」だ。霊泉は、天智《てんじ》、天武《てんむ》、持統《じとう》天皇の三代にわたり、天皇の産湯にも使われていたという。この伝承が正しいかはわからないが、ここから、園城寺は美しい泉を意味する「御井の寺」と呼ばれるようになる。

霊泉が沸いたと伝わる三井寺の閼伽井屋

都が飛鳥浄御原宮《あすかきよみはらのみや》へ遷されたことで影響力を失うが、9世紀半ばに僧侶円珍《えんちん》が霊泉の水を密教の儀式に使い始めて復興に成功。三井寺の名前が広まることになった。

こうして知名度を上げた三井寺だが、その後は苦難の連続だった。円珍の死後、三井寺は延暦寺の内部抗争に敗れた円珍の門流の拠点となり、比叡山からたびたび攻撃を受けた。室町時代までには50回以上の焼き討ちを受け、建立当時のお堂はほとんど焼失。対立が落ち着いたかと思いきや、今度は豊臣秀吉の怒りを買って、金堂や仏像を全て他所に移すことになり、寺は廃絶同然となってしまう。再建が許されたのは、秀吉が死ぬ直前のこと。3年の月日が流れて寺域は荒廃していた。

しかし、幸か不幸か、仏像や仏法は疎開させていたので、その多くが当時の形のまま現存している。三井寺の由来となった霊泉も金堂近辺の閼伽井屋《あかいや》にあり、参拝者が見物できるようになっている。

31・平等院は極楽浄土《ごくらくじょうど》をこの世に再現した？

極楽浄土を表現した京都府宇治市の「**平等院**」。その名前は知らなくとも、10円硬貨の絵柄のモデルと言えばわかるだろう。「平等院鳳凰堂《ほうおうどう》」と呼ばれることが多いが、鳳凰堂は本尊を納めるお堂の名称で、お寺全体を指すときは、平等院と呼ぶのが正しい。

創建は、藤原氏が栄華を極めていた1052年。関白の藤原頼通《よりみち》が、源重信《みなもとのしげのぶ》の夫人から貰った別荘を改造して建てられ、鳳凰堂はその翌年に建てられた。その特徴は、何といっても造営の目的だ。

従来のお寺は親族・知人の供養や仏教興隆、有力者の権力誇示などを目的に建てられていたが、**平等院建立の目的は「極楽浄土を再現する」こと**。ここから当時の世相をうかがい知ることができる。

この時期、力のある貴族は、極楽浄土をイメージした寺をこぞって造っていた。頼通の父・道長も法成寺《ほうじょうじ》という浄土を模した寺院を建てていたし、数十年後には白河《しらかわ》法皇も法勝寺《ほっしょうじ》を造って浄土を再現していた。

こうした出来事の背景には、平安時代中後期に流行した「**末法《まっぽう》思想**」がある。末法思想とは、釈

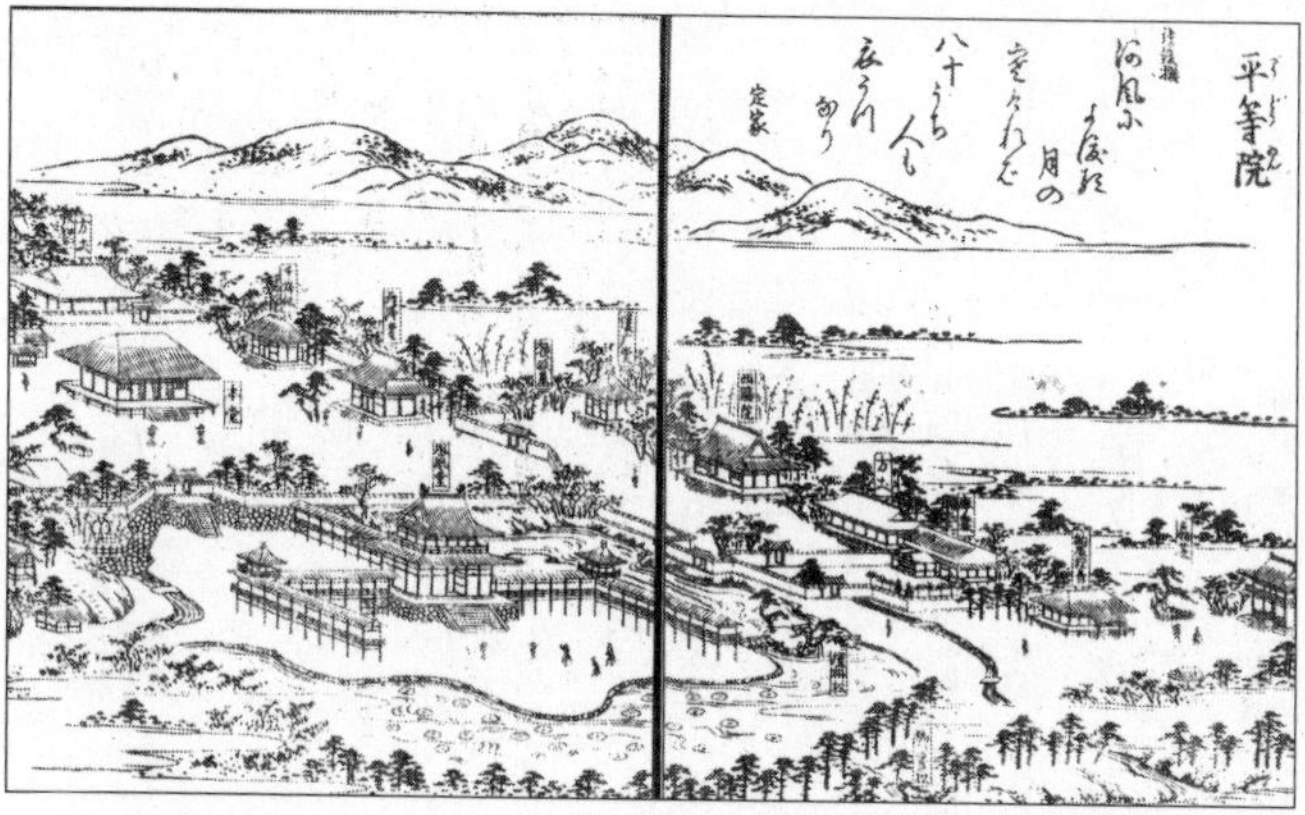

江戸時代の地誌に描かれた平等院。2012年9月から約1年半にわたって修理され、2014年4月に平安時代と同じ朱塗りの堂舎が披露された（『都名所図会』国会図書館所蔵）

迦入滅2000年後に仏法が廃れるという考え方。それを裏付けるかのように、世間では天変地異や疫病、武士の反乱が頻発していた。そうした苦痛から逃れるために、貴族は極楽浄土のレプリカを作って、あの世での安寧を願ったのである。

平等院が建立された1052年は、仏法衰退の元年とされていた年。境内は、阿字池《あじいけ》の後ろにお堂を広げて浄土を意識し、目玉である鳳凰堂には、極楽浄土の主・阿弥陀如来の像が鎮座している。如来像の周囲には極楽浄土絵や他の仏像群が掲げられ、その華やかさは「極楽を知りたければ宇治の寺（平等院）を見よ」と言われるほどだった。

なお、鳳凰堂は別称で、正式名称は「阿弥陀堂」という。江戸時代から、「建物の形が翼を広げた鳳凰のように見える」「屋根に鳳凰の像を掲げている」ということで、この名称が使われるようになった。

32・都への嫉妬心から中尊寺《ちゅうそんじ》金色堂《こんじきどう》は生まれた？

今でこそ漆の黒が印象的だが、当初の東大寺の大仏は、金でメッキされた黄金像だった。この大仏を彩る大量の金をもたらしたのが、都から遠く離れた奥州の地だった。

『日本書紀』にも記録されるほど、**奥州は古くから有名な金の産出地**。平安末期までは、朝廷から特別産金地帯に指定されるほど、資源豊かな土地だった。

中でも、岩手県南部の**平泉《ひらいずみ》**は、奥州の中心地として栄えた黄金都市。多くの金色寺院が建てられた。そんな栄華を象徴するのが「**中尊寺《ちゅうそんじ》**」である。

中尊寺は、８５０年に開かれた。当初は弘台寿院《こうだいじゅいん》という名称だったが、清和天皇から賜った中尊寺を寺号とした。その後は、3代１００年にわたって平泉に一大勢力を築いた奥州藤原氏の支援を受けて拡大。最盛期には約40の仏塔とお堂、３００以上の僧坊が立ち並ぶ、全国有数の寺院に発展した。

中でも注目すべきは、金色堂《こんじきどう》の異名で知られる阿弥陀堂だ。四方の壁は金色に統一した「皆金色」となり、内陣の須弥壇にある阿弥陀如来像を含む32体の仏像も、全てが黄金色。純金製ではなく金

金色堂を納める中尊寺の覆堂

箔塗りだが、そのインパクトは絶大だ。

貴族が浄土を夢見たように、奥州藤原氏も極楽の再現を試みた。金銀で仏像仏具を飾る「七宝荘厳《しっぽうしょうごん》」が望ましいと考え、都から最高峰の職人を招き入れて、莫大な財力で諸寺を黄金色に彩ったのだ。都への対抗心と憧れも強く、平等院を模した無量光院《むりょうこういん》という寺院も造ったほど。

だが、貴族文化を再現できても、武士の棟梁・源頼朝には敵わなかった。頼朝は、対立していた弟義経が東北に身を寄せると、奥州を束ねる藤原泰衡《やすひら》に命じて弟を自害に追い込む。にもかかわらず、頼朝は難癖をつけて平泉を攻撃。この結果、奥州藤原氏は滅亡し、平泉も大部分が焼け落ちてしまった。中尊寺は損傷が軽微だったものの、1337年の火災で金色堂と経蔵以外の伽藍の大半が焼失した。

「夏草や　兵どもが　夢の跡」

江戸時代の俳人松尾芭蕉が読んだこの一句は、平泉と中尊寺の栄華を偲《しの》んだものである。

33・生きたままお坊さんを船で流したお寺とは？

出口を固めた小さな舟に、僧侶を乗せて沖へと流す。

そんなショッキングな渡海が、浄土への信心に基づき行われていた。それが「補陀洛渡海《ふだらく》」だ。

中心地は、和歌山県那智勝浦町の「補陀洛山寺《ふだらくさんじ》」である。

補陀洛山寺の創建は、よくわかっていない。後に自らも渡海した智定坊が開いたとも、僧侶が海岸で拾った観音像を安置したお堂がはじまりだともいわれている。それがいつしか那智山の南にある海岸で補陀落渡海が行われ、この寺が出発点として用いられるようになった。1カ月分の食料を小船に積んで出航するが、食料が尽きたり、船酔いで苦しめられたりした僧侶の中には、沖合で身投げをするものもあったという。そんな過酷な宗教行為は、何を目的としていたのだろうか？

補陀落とは、サンスクリット語の「ポタ－ラカ」の音写で、観音菩薩の浄土世界を意味する。日本では、中国舟山諸島かインド近海にあるとされていた。浄土へ旅立つことが目的だが、実質は人身御供《ひとみごく》である。それでも、僧侶たちは観音菩薩の元へ生きながらに往生することを目指して海へ出た。

熊野の那智山を描いた「那智参詣曼荼羅」(部分)。下方中央に補陀洛渡海の船が見える。

熊野三山の歴史を記した『熊野年代記』によると、868年に那須浦から船出した慶龍上人が、補陀落渡海の第一号であるという。江戸時代中期まで補陀落渡海は行われ、熊野の記録だけでも20人を超えている。『平家物語』には、熊野詣を終えた平維盛《たいらのこれもり》が那智の海に入水したという話があるが、これも補陀落渡海の一種だとされている。

補陀洛山寺以外にも、補陀洛渡海の拠点は全国に多数存在した。高知県室戸岬《むろとみさき》や足摺岬《あしずりみさき》にも伝承が残り、熊本県の繁根木《はねぎ》八幡宮や沖縄県にも、補陀落渡海の記録が残る。

しかし、こうして続いた補陀落渡海も、戦国時代末頃には下火となる。この頃には、価値観の変化からか、渡海を拒否する僧侶も現れていた。それを無理やり那須の海に入水させる事件が起こり、大きな影響を与えたという。

なお、小説家の井上靖は、この事件を参考に『補陀落渡海記』を書きあげた。脚色は多いものの、死への恐怖や葛藤を描く筆致は読みごたえがあるため、オススメである。

34・鎌倉大仏はなぜ大仏殿に収まっていない？

鎌倉観光の目玉といえば、**長谷《はせ》の大仏**。正式名称は「阿弥陀如来坐像」だ。高さは約11メートルで、東大寺の大仏とは違って屋外に置かれている。浄土宗の高徳院《こうとくいん》が鎮座する場所だ。

日本人にとって馴染みの深い仏像だが、その割には史料が少なく、案外わかっていないことばかり。**造立の理由や時期すらも、未だにはっきりわかっていない**。

一説には、源頼朝の侍女《じじょ》が発願し、浄光《じょうこう》上人が庶民の寄付と幕府の支援で造ったという。完成したのは1244年。当初は木造の大仏で、高さも現在の2倍はあったという。しかし1248年の強風で倒壊してしまい、高さを半分にして青銅製に建て替えられたと鎌倉時代の歴史書『吾妻鏡《あづまかがみ》』は記している。阿弥陀如来ではなく釈迦如来仏だと記録されているので、別の仏像の可能性もあるが、少なくとも鎌倉時代までには造られていたと考えてよさそうだ。

現在では史料だけでなく、発掘調査も進んでいるが、それによって鎌倉大仏の不運が明らかになった。**創建当初は大仏殿に収められていた**ものの、何度も倒壊の憂き目に遭って露仏《ろぶつ》となってい

鎌倉にある大仏。現在は浄土宗のお寺にあるが、江戸時代以前は真言宗や臨済宗に属していたこともある。

たのである。2000年の発掘調査で大仏殿の跡地が発見されたことが、それを裏付けている。

大仏殿消失の原因は、自然災害である。海に面した地に鎮座しているため、豪雨や風雪の影響を受けやすかった。

1335年の台風で大仏殿が崩れ、1369年にも、やはり台風によって大仏殿が倒壊。500人が死亡するという惨事に見舞われる。災害のたびに大仏殿は修復再建されてきたが、1495年に起きた「明応《めいおう》の大地震」の津波に巻き込まれて丸ごと流されてしまい、その後は再建されることがなかった。津波で倒壊した時期には諸説あるが、不幸な災害が原因であることは確かだ。

1710年前後には江戸・増上寺《ぞうじょうじ》の祐天《ゆうてん》が復興運動を起こし、大仏殿が再建される可能性も浮上したが、荒廃していた高徳院の再興だけに終わり、200年以上が経った現代も大仏は屋外のまま。かわいそうな気もするが、災害対策として大仏の補強は行われているので安心を。

35・日本一厳しい永平寺《えいへいじ》の修行とは？

古代インドの僧侶たちは、厳しい修行で自己鍛錬に励んだ。日本でも、寺によっては滝行などの荒行をすることも少なくない。中でも、福井県にある曹洞宗の総本山「永平寺《えいへいじ》」の厳しさは有名である。

永平寺は、道元禅師が1244年に開いた禅の寺。その修行の特徴は、厳格な作法である。開祖の道元は、忠実に作法を守ることが最良の修行であると考え、その一挙一動に悟りの道が開かれると教示した。現在でも、「威儀即仏法、作法是宗旨」の教えに従い、永平寺では日常のあらゆる場面に厳格な作法が定められている。

まず、修行僧である雲水《うんすい》は午前3時半に起床。その後、一般の人と同じように洗顔と歯磨きを行うのだが、洗う順番、服装や手ぬぐいの種類、さらには歯ブラシの音を立てないようにするなど、作法が細かく決められている。

洗顔後に勤行と坐禅があるのはもちろんだが、禅では行鉢《ぎょうはつ》、つまりは食事も修行の一環。行粥《ぎょうかゆ》（朝

道元を祀る承陽殿へと続く承陽門（© Hiroaki Kikuchi）

食）、中食《ちゅうじき》（昼食）、薬石《しょうじき》（夕食）でも、私語は禁止され、音を立てることも許されない。その他、食器の並べ方、料理のもらい方、食事前の読経、食べるスピードや片付け方など、事細かな決まりがある。当然、少しでも間違えれば厳しく叱責を受ける。**トイレの使い方や寝る方法も決まっている**ため、並大抵の覚悟ではすぐに根をあげてしまうだろう。

しかも永平寺に休みはない。4と9のつく日は修行の一部が免除され、入浴や散髪が許されるが、自由時間はない。このような厳しい日々が最低1年間は続くのだ。

なお、永平寺では修行体験を開くこともあるので、厳しさの一部を体験したい人は電話で問い合わせてみるのもいいだろう。

この他にも密教系の滝行など、身体を酷使する修行はあるが、いずれの場合も目的の一つは自己の鍛錬。興味本位で挑戦するのは控えたほうがいいだろう。

36・銀閣寺に銀箔が貼られていないのはなぜ？

金箔を貼った舎利殿《しゃりでん》が有名な、京都北山の金閣寺。対して東山にある「銀閣寺」は、銀箔のないごく普通の寺院である。正式名称は「慈照寺《じしょうじ》」。室町幕府8代将軍・足利義政《よしまさ》の山荘がそのルーツだ。義政が死去した翌年の1490年に開山した。

よく知られているように、銀閣寺は、金閣寺をかなり意識して造られている。中でも観音殿《かんのんどう》（銀閣）は金閣寺の舎利殿に倣《なら》っていると言われている。

しかし、金閣寺を参考に作ったなら、なぜ金箔や銀箔を貼られていないのだろう？　そもそも銀が貼られてもいないのに、なぜ銀閣と呼ばれるようになったのか？　そんな疑問を誰もが抱いたことだろう。実は最近の研究によって、創建当時から銀閣寺は黒塗りのお寺だったことがわかっている。つまり、はじめから銀箔は施されていなかったのだ。

理由は諸説あるが、よく言われるのは「資金難による中止」だ。山荘の改造が始まった1480年代後半、応仁の乱をはじめとした戦争で、幕府は深刻な財政難にあった。銀箔を用意する資金がなかっ

「銀閣」の呼び名で知られる慈照寺の観音堂。屋根の上には鳳凰像が立つが、江戸時代半ばまでは宝珠がのっていたという記録が残っている。

たために、銀箔の代わりに黒漆が施されたという説だ。

これに加えて最近では、「最初から銀箔を使うつもりはなかった」という説も注目されている。

義政の祖父で金閣寺を立てた義満は、天皇に成り代わろうとしたといわれるほど権力欲が強い人物。来訪者に自身の力を誇示するため、金閣を利用した。一方の義政は、政治よりも風雅を好む文人気質の人物。銀閣寺で政務をとるつもりはなく、隠居場所としてつくっていた。

銀閣寺という通称も義政が言い出したわけではなく、江戸時代から金閣寺と比較して使われた言葉だ。

現在では、10以上あったお堂は戦火で焼け落ち、境内は縮小。当時の姿をとどめているのは観音殿、東求堂《とうぐどう》、庭園のみ。銀沙灘《ぎんしゃだん》や向月台《こうげつだい》は江戸時代のものだとされている。

それでも、質素で静かな銀閣寺には、独特の趣がある。金閣寺とは違った魅力を味わうことができるはずだ。

37・本願寺《ほんがんじ》が東西に分かれたのは天下人が原因？

京都駅を出て烏丸通を北に進むと、大きな寺院が姿を見せる。浄土真宗の「東本願寺《ひがしほんがんじ》」だ。この東本願寺から西に向かって堀川通に面するのが、同じく浄土真宗の「西本願寺」である。これらは元々一つの寺だったが、2人の天下人の介入が、分裂を招くことになったことをご存じだろうか？

戦国時代に本願寺があったのは、京都ではなく今の大阪城と同じ場所。戦国時代を迎える頃には熱心な信者を多数抱え、一向宗《いっこうしゅう》と呼ばれて戦国武将から警戒されるようになっていた。阿弥陀仏の救いを信じる一向宗は、死を恐れず、そのうえ団結力が強い。しかも、本願寺は城塞並みの巨大な寺院だったというから、攻略するのは難しく、あの織田信長すら手を焼くほどだった。

しかし、1570年前後から10年にわたって信長の支配に抵抗したが、朝廷の仲介などを経て降伏。その後、天下人となった豊臣秀吉の支援で京都に移転した。これが現在の西本願寺である。

秀吉の支持をとりつけて一安心、と思いきや、問題が起こるのはここからだった。秀吉は、本願寺の後継者争いに介入し、本願寺が推す教如《きょうにょ》ではなく、三男の准如《じゅんにょ》が継ぐよう要求したのだ。本願

西本願寺阿弥陀堂。2022 年までに内陣の天井画約 190 枚が修復される（© 663highland）

寺勢力の力を削ぐことが、目的だったと言われている。

しかし教如も簡単にはあきらめない。秀吉の死後に徳川家康へと接近して烏丸七条の土地を寄進されると、教如はここにお堂を建てた。これが現在の東本願寺である。

当然ながら、江戸時代の東西本願寺の仲は悪かった。幕末になっても東本願寺は佐幕派を、西本願寺は討幕派を支援し、敵味方に分かれていたほど。もっとも、幕末における本願寺はあくまで裏方。西本願寺は幕府に宿舎を提供することもあり、正面に立って攻撃をしかけたわけではない。

こうして２５０年以上も対立を続けた本願寺だが、すでに和解は済み、表立って対立することはなくなった。幕末の戦火を逃れた西本願寺は11の建造物が国宝指定され、寺全体はユネスコの世界遺産に登録されている。東本願寺は戦火で伽藍が焼失したが、１８９５年に再建され、御影堂《ごえいどう》などは国の登録有形文化財に指定されている。親鸞上人直筆の国宝「教行信証《きょうぎょうしんしょう》」をはじめ、貴重な品が数多い。

38・延暦寺《えんりゃくじ》で信長軍の虐殺はなかった？

滋賀県大津市の「比叡山延暦寺《ひえいざんえんりゃくじ》」は、周知のとおり天台宗の総本山。最澄《さいちょう》が788年に開いた「一乗止観院《いちじょうしかんいん》」をはじまりとする。その発展を支えたのは、古来、大山咋神《おおやまくいのかみ》を祀る神山だった、比叡山への信仰である。これが朝廷からも注目を浴び、国家鎮護のお寺として桓武天皇から認められ、当時の年号「延暦」を寺号とすることが許された。

空海が開いた高野山金剛峰寺は神秘的な面が強かったが、延暦寺は教育制度に力を入れ、多くの有能な僧侶を送り出した。日蓮、親鸞、栄西、道元といった仏教史に名を残す名僧を輩出し、「日本仏教の母山」とまで呼ばれたほどだ。さらには商業活動にも力を入れて財をなし、興福寺に匹敵する軍事力を備えるまでに拡大していた。

そうした延暦寺を襲った悲劇として語られてきたのが、織田信長による焼き討ち事件だ。

織田家と敵対していた浅井《あざい》家と朝倉家を、延暦寺は支援し続けていた。信長は再三にわたって中立を要求したが、延暦寺がこれを拒否。そのため信長は、比叡山の焼き討ちを強行したのである。

延暦寺根本中堂。徳川家光によって再建された。

1571年9月12日から始まった総攻撃によって、延暦寺は山ごと焼失。僧侶や女子どもまでもが皆殺しにされた。犠牲者数は4000人以上にのぼるとされている。

しかし、昨今の研究で、通説のような大虐殺はなかったことが明らかになった。大正時代から比叡山の発掘調査が幾度か実施されたが、地層に大規模な焼き討ちの痕跡が見当たらず、人骨や遺品も発掘されなかった。焼き討ちを記す史料も、多くは江戸時代初期の文献か、当時の伝聞をまとめた日記だ。少なくとも、大規模な虐殺はなかったと考えた方が自然である。むしろ、信長の攻撃が集中したのは麓の坂本や八王子山だったという説もあり、今後の研究が期待されるところだ。

もちろん、織田軍が比叡山周辺を攻撃したことは、当時の人々を大いに驚かせた。伽藍が損傷したのは間違いない。これがきっかけで延暦寺の勢いがなくなり、豊臣秀吉や徳川幕府の支援を受けるまで、復興することはなかった。

39・戦国時代の本能寺《ほんのうじ》は軍事要塞だった？

京都市市役所に面した御池通りの南側、寺町筋のアーケードを入ったすぐに法華宗大本山「本能《ほんのう》寺《じ》」はある。戦国時代の覇者である織田信長が最後を迎えたお寺である。

本能寺の創建は、1415年と比較的新しい。当初は「本応寺」と名乗り、京都駅より2キロほど北側にある油小路《あぶらのこうじ》高辻付近に建てられていたという。その後は破却や幾度かの移転を経て、1545年にはさらに約1キロ北側、現在の地より約2キロ南西側にある四条西洞院近辺に移されたといわれる。

天下統一を目前にしながらも、ただのお寺に少数で泊まった隙を、明智光秀に突かれた。そんなイメージが強いと思うが、近年では、興味深い事実が判明している。1990年代以降に幾度か行われた発掘により、本能寺から堀の痕跡が見つかったのである。堀は本能寺を囲みつつも、境内を区画分けするように作られており、石垣らしき跡まで発見された。

堀と石垣を備えた戦国時代の建築物といえば、思い出すのは城である。つまり、当時の本能寺は

移設後の本能寺に立てられた信長廟（Ⓒ PlusMinus）

城郭の機能も兼ね備えていた可能性が高いのだ。

現在でこそ、寺は仏教の宗教施設であるが、戦国時代では大名や他宗派との抗争が珍しくなかった。そのため、堀や石垣を設けて要塞化するお寺が少なくなかったのだ。信長が宿泊先に本能寺を選んだのも、そうした軍事機能をふまえてのことだったのかもしれない。

また当時の日承《にちじょう》住職が織田家に協力的だったので、信長からすれば、本能寺は安心して宿泊できる場所だったのだろう。

それでも、敵の数が多すぎた。1万以上の軍を止められるような大要塞ではなかったので、信長は志半ばで命を落とすことになったのである。

なお、移築こそされているものの、信長最後の舞台ということで、現在でも本能寺は人気の観光スポット。境内には刀を納めた信長の墓所や宝物館が置かれているので、訪れる信長ファンも数多い。

40・清水《きよみず》の舞台は自殺の名所だった？

京都有数の観光名所であり、外国人客の姿が多く見られる「清水寺《きよみずでら》」。一番の見所といえば舞台付きの本堂だろう。現在の伽藍は江戸時代に再建されたものだが、京都を一望できる舞台には現在も年間300万人以上の人々が詰めかけているという。

そんな清水の舞台だが、その裏には黒い歴史も隠されている。かつての清水の舞台は、**飛び降りの名所でもあった**のだ。

清水寺での飛び降りがいつ始まったかは定かでないが、最も古い記録は鎌倉時代のもの。『宇治《うじ》拾遺物語《しゅういものがたり》』という説話集に、役人が暴漢に追い詰められて飛び降りたエピソードが載っている。

その総数は不明だが、江戸時代に門前町を管理するために書き継がれてきた『清水寺成就院《じょうじゅいん》日記』によると、1694年から1872年にかけての件数は未遂を含めて約230件。その7割以上が男性だったといわれ、中には12歳の少年もいたという。

なんとも痛ましい話だが、意外にも、人々が飛び降りたのは、人生を悲観して命を捨てるためで

観光客でにぎわう清水の舞台

はなかった。最初に飛び降りた役人が観音様のご加護で助かったということで、多くの人がそのご利益にあやかろうとしたのだ。

江戸時代には「生き延びれば願いが叶う」という噂が広まり、若者を中心に飛び降りを試す者が急増したほどだ。この身投げは、明治時代の1872年に、京都府が禁止令を発するまで続けられた。

しかも、意外なことに実際に死んだ者はあまりいなかった。身投げをしてもほとんどが生き残り、本当に死んだ者は全体の2割にも満たないのである。

観音様のご利益はすごい、と思いきや、清水の舞台を見下ろすとわかるとおり、その下には木々が生い茂っている。木の枝が落下の衝撃を和らげてくれたのだろう。

それでも、舞台から地上まではビル4階に匹敵する高さ。飛び降りて生き残った人が観音様のご加護があると思っても、おかしくはない。

41 浅草寺《せんそうじ》は漁師の自宅だった？

歴史的にみると、祖先を供養したり、権力を誇示したりするために、お寺が開かれることは多かった。名のある僧侶が修行場として作ることも珍しくない。中には、漁師の実家から始まったという珍しい寺もある。それが、聖観音宗《しょうかんのんしゅう》の総本山である東京浅草の「浅草寺《せんそうじ》」だ。

浅草寺は今から１４００年以上も前に建てられた、関東でも最古級の寺院である。

時は６２８年、漁をしていた檜前浜成《ひのくまのはまなり》と竹成《たけなり》の兄弟は、網に引っ掛かった光るものを見つけた。不思議に思い引き上げてみると、それは黄金色の仏像。２人が主人の土師真中知《はじのまつち》に仏像を見せたところ、ありがたい観音像であるとして自宅に草庵を作って祀った。この草庵を改装し、６４５年に勝海上人《しょうかいしょうにん》によって浅草寺は開かれたとされている。

その後、観音像を見つけた兄弟と真中知は、仏の生まれ変わり「三社権現《さんじゃごんげん》」として浅草寺の境内にある浅草神社に祀られた。毎年5月に浅草で行われる「三社祭《さんじゃまつり》」は、この神社の祭礼である。

彼らが発見した観音像は、永劫秘仏として数百年以上未公開だった。そのために存在を疑問視さ

東京観光の名所の一つ浅草寺（© bryan...）

れていたが、1869年に明治政府の役人が御宮殿《ごくうでん》を開かせ、本尊を確認したという。

建立以後の浅草寺は観音信仰の高まりで参拝者が増え続け、鎌倉時代には源将軍家が定めた坂東《ばんどう》三十三所の一つにも選ばれた。江戸時代には幕府の祈願所に選ばれたことで江戸文化の中心地となり、日本最古の商店街と呼ばれる「仲見世《なかみせ》」も繁栄。巨大提灯が有名な「雷門」も、完成したのは江戸時代初期の1635年である。

しかし意外にも、現在の本堂や雷門の提灯は、戦後になって再建されたもの。幕末の火事や昭和の東京空襲で伽藍の大半が焼失していたが、1958年には本堂が新たに建てられ、雷門はパナソニックの前身・松下電器産業の支援で1960年に再建されている。社長の松下幸之助が、身体の不調を治してくれた浅草寺に感謝を示すためだった。そんな縁もあって、大提灯はパナソニックが奉納する習慣が根付いているのである。

42・天下の大泥棒と南禅寺《なんぜんじ》の意外な関係とは？

平安神宮や京都市動物園、琵琶湖疏水《そすい》の復元インクライン。京都市の岡崎・蹴上《けあげ》界隈には観光名所が立ち並ぶが、臨済宗大本山の「南禅寺《なんぜんじ》」は、中でも目を引く一大スポット。禅宗寺院として初めて勅許で開かれたということもあり、敷地は広大で伽藍は荘厳。圧巻である。

そんな南禅寺だが、意外な人物とつながりがあった。かの大泥棒・石川五右衛門である。

五右衛門は江戸時代に義賊として庶民の人気を集めたが、その火付け役となったのが、歌舞伎の演目「桜門五三桐《さんもんごさんのきり》」である。そのあらすじは、南禅寺の三門に登った五右衛門が、秀吉をモデルにした真柴久吉《ましばひさよし》と睨み合うというもの。

「絶景かな絶景かな。春の眺めを価千金とは小さなたとえ。この五右衛門が目からは価万両」キセルを吹かして京の町並みと満開の桜を眺めて啖呵《たんか》をきる。そんな一幕が江戸庶民の間で大人気となった。五右衛門といえば南禅寺の口上。そんなイメージが固まっていったのだ。

だが、モデルが実在しているとはいえ、歌舞伎は人々を楽しませるためのフィクション。五右衛

歌舞伎の演目「桜門五三桐」の舞台となった南禅寺の三門（© 663highland）

門は南禅寺の三門に登ったことはない。というより、登りたくても登れなかった。五右衛門の在世時、南禅寺の三門は存在しなかったのである。

京都の多くのお寺と同じく、南禅寺は応仁の乱で伽藍の大部分が焼失していた。再建されたのは、江戸時代に入ってから。三門は、徳川家家臣の藤堂高虎《とうどうたかとら》が1628年に寄進したものだ。五右衛門が目にすることは不可能である。

ではなぜ、作者は南禅寺を歌舞伎の舞台としたのだろうか？　五右衛門が南禅寺を拠点に盗賊活動をしたという噂があったようだが、事実かどうかはわかっていない。五右衛門の墓は南禅寺ではなく東山区祇園の大雲院《だいうんいん》にあるため、そこまで深い関係は見いだせない。

より重要なのは、大泥棒が天下人を一喝するというエピソードだろう。奇《く》しくも南禅寺は、新しい天下人徳川家康の後ろ盾で栄華を取り戻した大寺院。もしかしたら、時代の変化を象徴した演目なのかもしれない。

43・徳川家の菩提寺《ぼだいじ》として発展したお寺とは？

江戸幕府250年の繁栄を築いた徳川家。その菩提寺《ぼだいじ》として発展してきたお寺が、東京に二つある。一つは港区芝にある「増上寺《ぞうじょうじ》」、もう一つは台東区上野の「寛永寺《かんえいじ》」だ。

増上寺は、浄土宗の七大本山の一角として1393年に開かれた。当初は千代田区近辺にあたる麹町貝塚に建っていたが、1598年に現在の地へ移転。徳川家の菩提寺として大きく発展した。

もう一方の寛永寺は、幕府開設後の1625年に建立された。京都を守護する延暦寺を模して、江戸の町を守ることが目的だ。「東の比叡山」を思わせる東叡山《とうえいざん》という山号に、その意図が表れている。

共に歴代将軍の霊廟を置くお寺だが、普通に考えれば、菩提寺は一つだけのはず。なぜ徳川家は菩提寺を二つも持っているのだろうか？

徳川家の菩提寺は、当初は増上寺のみだった。しかし、幕府が開かれ、江戸の町が整えられると、新たな大寺院の建立が計画される。提案したのは、天台宗の僧侶・天海上人《てんかい》である。

大坂の陣の発端となった「方広寺鐘銘事件」や家康の神号決定にも深く関与したとされる天海は、

葛飾北斎が描いた寛永寺の様子

やがて将軍家の政治顧問として手腕を発揮した。

天海を信頼していた2代将軍秀忠は、その願いを聞き入れて寺院建立用の土地を授与し、3代家光のとき、現在の所在地に本坊が完成する。そして、家光の葬儀は寛永寺で行われ、5代将軍綱吉の時代には先代将軍の霊廟が作られるなど、徳川家第二の菩提寺として扱われるようになったのである。

当然、増上寺は寛永寺への反発を強めるが、双方は交代制で菩提寺を務めることで和解。徳川の菩提寺として、共に明治維新まで手厚い保護を受けることになった。

なお、大権現として日光東照宮に祀られた家康、日光山輪王寺に遺体が移された家光、最後の将軍慶喜は、増上寺と寛永寺、どちらのお寺にも埋葬されてはいない。また、国替え前の菩提寺である大樹《だいじゅ》寺《じ》には、慶喜を除く歴代将軍の位牌が揃って納められており、いずれも将軍等身大で作られているという。

44・「牛に引かれて善光寺参り《ぜんこうじまい》」の由来とは？

古寺の逸話や成り立ちは、ことわざとして今に伝わるものも多い。例えば「牛に引かれて善光寺《ぜんこうじ》参り」という言葉。「良い方向や場所に導かれる」という意味で使われる。

ここに出てくる善光寺とは、長野県にあるお寺のこと。宗派が分かれる以前からあるということで、特定の宗派に属さず、天台宗と浄土宗が運営している珍しいお寺だ。

本尊として祀られているのは、6世紀半ばに朝鮮半島経由で日本に伝来したと伝わる一光三尊《いっこうさんぞん》阿弥陀如来。普段は見ることのできない秘仏だが、6年ごとの開帳で、その姿を拝むことができる。2015年の開帳には700万人を超える人々が押し寄せた、一大行事である。しかし、先に挙げたことわざは、この本尊とは無関係。阿弥陀如来ではなく、観音菩薩の信仰に基づくお話である。

その昔、善光寺近くの信濃小諸《こもろ》に老婆が住んでいた。貧乏暮らしが影響してか、その老婆は心までもが貧しく、人々からはケチで意地悪な嫌われ者だと疎まれていた。

そんなある日、老婆が干していた布を、牛が角に引っかけて盗んでいった。怒った老婆が牛を

布引観音の伝承が残る釈尊寺。善光寺から車で1時間以上離れた場所にあり、山道を通らなければいけないため、行くのは骨が折れる。

追いかけていくと、いつの間にか善光寺に辿りついている。牛が逃げ込んだ本堂へ入ると、そこには牛の姿はなく、床に涎《よだれ》で書かれた文字が光に照らされていた。

「牛とのみ思いはなちそこの道になれを導くおのが心を」

牛のいたずらが仏のお導きだったと知った老婆は、その日を境に信心深い誠実な人間に生まれ変わったという。こうした観音菩薩への信心から、「牛に引かれて善光寺参り」という言葉が生まれることになったのだ。

ちなみにこの話には続きがある。数日後、老婆が近くの観音堂にお参りしたところ、牛が持っていったままだった布が観音像にかけられていた。牛は観音様の化身だったのだ。

このとき老婆の布がかかっていたと伝わるのが、長野県小諸市の釈尊寺《しゃくそんじ》にある布引観音である。断崖絶壁に立つ観音堂は、重要文化財に指定された見事なもの。善光寺からは遠いが、観音堂へも足を運んでもらいたい。

四国八十八箇所霊場、いわゆるお遍路の舞台の一つである太龍寺（© Simon Desmarais）

第三章

お参りの作法と意外なしきたり

45・お参りで手を合わせる理由とは？

お寺に参拝するとき、参拝客は両手を合わせてお祈りをする。合掌《がっしょう》と呼ばれる行為だ。同じように、墓参や葬儀などでも、死者や先祖に対して我々は手を合わせる。右手の仏、左手の凡夫（自分自身）を一つに合わせることで、**仏と一体化した清らかな心を表現している**のだ。

神社でも掌を合わせてお祈りするが、これは「柏手《かしわで》（拍手）」といって、合掌とは別の行為。拍手は手を鳴らすが、合掌は静かに手を合わせるのが普通で、両者は別の習慣である。

日本人なら誰もが自然に行う合掌だが、実は合掌は、仏教独自の風習ではない。インド人の習慣に由来すると考えられているのである。

古来、インド人は右手を清浄の象徴と考え、逆に左手は不浄だと考えてきた。この清浄と不浄の象徴を合わせることは、正と負の融合を意味する。正と負の融合とは、いわば聖なるものと俗なる人間の融合のこと。これらをあわせることで、自分本来の姿が現れると信じられた。

こうしてインドで生まれた合掌は、仏教の普及によって中国・朝鮮半島へと伝わった。当初は僧

合掌する僧侶（Fast&Slow / PIXTA（ピクスタ））

侶同士の挨拶として用いられ、日本でもしばらくは仏事でのみ使われていたが、仏教が民間にも浸透したことで、お参りや墓参りの作法として定着したのである。

基本の手順は以下に記すとおり。

まずは背筋を真っ直ぐに伸ばし、手は胸の前に拳一つ分ほど空けたところで合わせる。指先は仏前に傾け、手の角度は45度が望ましい。最も大事なことは真摯な気持ちで御仏に向き合うことである。

合掌に種類があることにも注意したい。両手を合わせて指先を伸ばす方法は「堅実心《けんじつしん》合掌」といって、ほとんどの宗派で通用する。天台宗や真言宗では指をずらして互い違いにした「金剛《こんごう》合掌」をすることもあるし、密教系寺院では掌をつけずに指先だけをつける「虚心《こしん》合掌」も珍しくない。他の方法も含めれば、その数は12種類にもなる。特にこだわる必要はないが、不安なときは事前にお寺に確認しておくといいだろう。

46・お参りで「南無阿弥陀仏《なむあみだぶつ》」以外はダメ？

仏前に手を合わせるとき、念仏や題目を唱える人は少なくない。念仏とは、仏の名前を唱える行為。題目は、経典の題名を唱える行為だ。一番有名なのは、念仏の「南無阿弥陀仏《なむあみだぶつ》」だろう。

南無とは、敬意を表すサンスクリット語「ナマス」の音写で、「帰依する」という意味を持つ。南無阿弥陀仏と唱えることで、阿弥陀仏への帰依を表明し、その救いを求めようというわけだ。なお、インドの挨拶である「ナマステ」も、起源はナマスにあるという。

この念仏が使われるようになったのは、平安時代の末頃から。貴族や皇族の間では、当時は仏の教えが行き届かない末法《まっぽう》の時代だと悲観されていた。そのためか、修行や祈祷を通じて成仏を目指す価値観より、真摯に念仏を唱えて極楽浄土へ行くことが、貴族たちの求めるところとなった。

しかも、国家や特権階級に支えられていたそれまでの仏教とは異なり、浄土教は万民が救済されると説いた教えだ。それまでは、国の許可がなければ出家することができなかったが、国家権力が弱まると、在野の僧侶が現れて民衆に浄土教を広めていき、徐々に支持を受けていったのである。

11世紀頃から盛んにつくられた経塚（© KENPEI）。法華経や阿弥陀経などを埋葬し、末法の世からの救済を願った。この時期に、貴族の間で念仏や題目を唱えることが増えていた。

なお、意外なことに、南無阿弥陀仏という念仏は、浄土教に限らず、多くの宗派で唱えられた。天台宗で唱えられるのも、南無阿弥陀仏である。南無阿弥陀仏とは、あくまで阿弥陀仏への帰依の表明。祀られているのが阿弥陀仏像であれば、念仏は南無阿弥陀仏で問題ない。

もちろん、別の念仏や題目を唱える宗派もある。

例えば、法華経の教えを重視する日蓮宗のお寺では、「南無《なむ》妙法蓮華経《みょうほうれんげきょう》」という題目が唱えられる。題目とはタイトルのことで、妙法蓮華経は、法華経の正式名称のこと。釈迦の教えを伝える経典への帰依を示すことが、法華経を重視する寺では奨励されているのだ。

その他にも、釈迦を本尊にする曹洞宗では「南無釈迦牟尼仏」、真言宗では開祖の空海に帰依する「南無大師《だいし》遍照金剛《へんじょうこんごう》」を唱えることが多い。

何に対して祈りを捧げるかによって、念仏や題目は変わってくるのである。

47・お坊さんにお布施を渡すのはなぜ？

お寺離れが進んで久しい。信仰心が薄れている、といえばそれまでだが、それ以上に注目すべきは、お金をめぐるお寺への不信感が広まっていることだろう。

例えばお布施《ふせ》。お布施とは、法事法要の際、僧侶のお勤めへの謝礼として、金品を渡すことだ。「代金」ではなく、あくまで供養する人が気持ちを表すものだが、半ば慣例化していて、葬儀となれば数十万円を支払わなければならない。なぜこんなにお金がかかるのか、不満に思う人は決して少なくないはずだ。

一方で、お布施が行われていた釈迦の時代のインドでは、現在のように仕方なくお金を払う、と思う人はおそらく少なかっただろう。布施は自己の意思で行うものであり、積極的な意味を持っていた。当時のインドと現在の日本では、お布施の価値観がまったく異なっていたからである。

布施は本来、仏道修行の一つであり、もっとも基礎に位置付けられる。現在と同じように財物を施すという意味だが、インドではこれが文化として根付いていた。

■無財の七施

眼施《がんせ》(慈眼施)……………	慈しみのまなざしで見ること
和顔施《わがんせ》(和顔悦色施)……	穏やかな表情、笑顔を見せること
愛語施《あいごせ》(言辞施)…………	柔らかい言葉を使うこと
身施《しんせ》(捨身施)……………	人のために自分の身体を使うこと
心施《しんせ》(心慮施)……………	心をこめて相手を思いやること
床座施《しょうざせ》……………………	人に座る場所などを譲ること
房舎施《ぼうしゃせ》……………………	宿を提供すること

見返りを求めることなく善行を行えば幸福がもたらされると言われる７種類の布施

仏教が誕生する前から、インドでは多くの修行者が各地を巡り、心身の鍛錬に励んでいた。

俗世を離れた修行者は、一切の執着を断つために、富を蓄えず、労働にもつかない。しかし修行者は人々に仏教の教えを施すことができる。この布施を「法施《ほうせ》」と呼ぶ。

一方、信者は仏の教えを授かった感謝として、僧侶へ食物や衣服をもたらした。これを「財施《ざいせ》」と呼ぶ。

なぜ施しが仏教修行の基本なのだろうか？　それは、「他者を慈しむ」という精神が、仏教にあるからだ。そのため法施と財施、どちらが偉いという決まりはない。

こうした価値観が根底にあるため、仏教界には「布施に定価はない」という考えが根強いが、宗教離れが進む一般人からすれば、目安の額は教えてもらいたいもの。お布施という権益を守りたいだけではないかと訝しむ人も少なくない。檀家に信じてもらうために、お布施をどうすべきか。大きな課題である。

48・神社とお寺、お参り作法の違いとは？

お寺と神社には、共通点が多い。どちらも古くから日本にある木造建築で、賽銭箱《さいせんばこ》や手水鉢《ちょうずばち》など、まったく同じものまである。その理由は明治時代まで、多くの神社がお寺の一部のようなものだったからだ。それは、大陸から伝わった仏教が、思想や建築技術など、多くの恩恵を日本にもたらしてきたことも大きい。石清水八幡宮のように、僧侶が管理する神社も少なくなかったので、似たようなものだと思われるのも無理はない。

とはいえ現在では、神社はあくまで八百万の神々を祀る施設。仏を崇め、修行をするお寺とは異なる点も多い。例えば、お賽銭を入れた後の作法について。神社では、お賽銭を入れたらお辞儀を2回して、同じく2回しっかりと音を鳴らすように拍手する。そして最後に一度礼をするという、いわゆる「二礼二拍手一礼」が基本だ。

しかし、お寺において拍手は禁物。宗派によって違いはあるが、静かに手を合わせるのが、お寺における基本の参拝法である。

浅草寺のお参り。神社のように柏手を打つのは厳禁（Gabi Luka /Shutterstock.com）

逆に共通しているのは、鳥居と門という、聖俗の空間を分ける境界があること。注意することとしては、門を通る際は合掌し、くぐるときには、敷居を踏まないように気を付けよう。

続いて見える手水舎は、水によって身を清める場所である。基本的に、神社もお寺も作法は同じ。右手で持った柄《ひ》杓《しゃく》で左手に水をかけた後、左手に持ち替え右手を清める。両手を清めたらまた右手に持ち替え左手の掌に水を溜め、その水で口をすすぐ。柄杓に直接口をつけるのはマナー違反である。そして残った水で左手を軽く注いでから、柄杓を立てて柄を綺麗に洗って元の場所に戻すのだ。

続いて本堂へのお参りへと行くわけだが、何より忘れてはならないのは、神様や仏様に真摯な気持ちで向かうこと。正しい作法にこだわり過ぎて、他人の間違いに目くじらを立てるのは野暮というもの。寛容な心で参拝すれば、気分は晴れやかになるはずだ。

49・日本ではどんなお経が重視されている？

日本では、葬式で死者を弔うためにお経が唱えられる。呪文のようでちんぷんかんぷんに聞こえるが、そもそもお経は釈迦の言葉をまとめた典籍のこと。正しい名称は「経典」で、仏教の教えを伝える非常に大事なものである。

「法句経《ほっくきょう》」など、初期のお経は釈迦の直説がまとめられているが、大乗仏教が登場すると、釈迦の教えを拡大解釈しつつ、時代に適した救済を説いたお経が書かれるようになる。そうした釈迦の死後に書かれたお経は「大乗経典」と呼ばれ、膨大な数が編まれた。その内容は、大きく分けて三つ。釈迦が説いたとされる「経」、守るべきことをまとめた「律」、注釈や仏教思想を書いた「論」に分類される。日本に伝わったものだけでも1万3000巻を超えるというから、ひとりの人間がすべて読むのはまず無理だろう。

それに、これだけ膨大なお経があれば、どのお経を重視するかで意見がわかれることもある。こうして派閥が生まれ、同じ仏教でありながら、多種多様な教えが信仰されたのである。

読経するお坊さん

「般若心経」のように各宗派で共通して読まれるお経もあるが、普通は宗派ごとにお経の優劣がつけられる。

まず浄土宗系が重視しているのが「浄土三部経」である。「仏説無量寿《むりょうじゅ》経」「仏説観無量寿《かんむりょうじゅ》経」「仏説阿弥陀経」を合わせたもので、「無量寿」は阿弥陀如来を意味する。仏の教えで人々が浄土へ行くことを勧める経典だ。

これに対して天台宗は、現世利益を説く「法華経《ほけきょう》」を重視している。法華経は、日本では「経典の中の経典」として非常に尊ばれ、天台宗以外の宗派でも、よく読まれていた。天台宗出身の日蓮も、法華経を非常に信奉した僧侶の一人だ。

こうした経典の世界は、各宗派の考え方だけでなく、寺院空間そのものにも表現された。お寺はいわば、お経の世界が再現された空間。東大寺の大仏も、盧遮那仏《るしゃなぶつ》の世界を書く「華厳経《けごんきょう》」の教えをもとに作られた。宗派のお経の特徴が表れているため、観察すると面白いはずだ。

50・瞑想と坐禅はちがうもの？

精神統一のための修行法「坐禅」。仏道修行の基本として知られている。元々は、仏教誕生の数百年前から古代インドで行われていた、ヨーガと呼ばれる鍛錬法で、釈迦が沙羅双樹の下で悟りを開いたときに用いたことから、仏教にも広まったとされている。5世紀には中国で宗派として形式化し、「坐禅」を修行の中核に置いた曹洞宗や臨済宗が誕生。日本にも伝わって一大勢力を築いた。

そのような坐禅と同一視されることも多いのが「瞑想」である。瞑想は精神の集中や安定を目指した行為。釈迦も弟子たちに、瞑想をすることを説いていた。近年では、その科学的な効果が注目されており、著名なビジネスマンやスポーツ選手も取り入れている。アップルの設立者であるスティーブ・ジョブズも瞑想を好んでいたことは、有名である。

精神統一を目指すという点から、坐禅も瞑想も同じものだと思われがちだが、細かい点では違いが多い。

まず、坐禅は姿勢を決めて行うものだが、瞑想はどのような体勢で行うのも自由。瞑想の場合、

アメリカ観世音禅センターで行われる経行（© Kanzeon Zen Center）

椅子に座ったままでも、寝転がったままでもよく、ヨガのように足を組んだ姿勢でもいい。坐禅は半目といって、うっすら目を開けた状態で行われるが、瞑想では目をつぶることが多い。

また、意外にも、坐禅には「経行」という、立ちながら行うものもある。歩き方は「一息半歩」といって、ひと呼吸につき足の長さの半分を進む方法をとる。手の位置にもルールがあって、まずは左手の親指を握り、甲に右手を乗せる。それを鳩尾で水平になるよう組みながら、視線を落として歩くのだ。この細かな規則の有無が、瞑想と坐禅の違いだといえる。

そして最大の違いは、行為の目的にある。坐禅は悟りを開くための行為だが、瞑想の目的はひとつではない。集中力を目指すこともあれば、心を静めてイメージトレーニングをすることも多い。だからこそ、一般人でも挑戦しやすいのである。

51・花祭りで甘茶を仏像にかけるのはなぜ？

毎年4月8日、お寺では釈迦の誕生を祝う「**花祭り**」が催される。釈迦が生まれたルンビニーの花園を模した「花御堂」で、高さ30センチほどの誕生仏を祀る行事である。参拝者は、中に収められた誕生仏に、柄杓で甘茶を3回かけるのが習わしだ。

まるで釈迦が水浴びをしているかのような光景だが、意味するところは少し違う。この行事では、釈迦が生まれた時の様子を「再現」しているのである。

大乗仏教によって、釈迦が伝説化したことは前述したとおり。それは誕生譚も例外ではない。大乗仏教では、母親の右脇から生まれた釈迦が、誕生後すぐに東に7歩進み、右手で天を左手で地を指して「天上天下《てんじょうてんげ》、唯我独尊《ゆいがどくそん》」と宣言したと伝えている。甘茶伝説で肝心なのはそのあと。9頭の龍が現れて「甘露《かんろ》」の雨を降らせ、釈迦の産湯に注いだというエピソードである。そう、**花祭りは小像に甘露をかけて、釈迦誕生の様子を表現している**のだ。

そもそも花祭りは、花が早く散らないように祈ることで、秋の豊作を願う民間の呼び名。正式には

花御堂に祀られる誕生仏（© katorisi）

「灌仏会《かんぶつえ》」という。「灌」という字は「注ぐ」という意味だ。

しかし長い間、誕生仏に注がれたのはお茶ではなかった。甘露はインド神話に登場する「アムリタ」の訳語で、長寿を与え、死者をよみがえらせるとされている不死の霊液。経典では「香水」や「香湯」を意味していたため、平安時代の日本では「五色水」と呼ばれる香水を花祭りに使っていたのだ。甘茶が使われるようになったのは、江戸時代になってからのことである。

さて、その甘茶の作り方だが、これがかなり特徴的。ガクアジサイの変種アマチャという植物の葉を乾燥させて作るのだが、甘さはなんと砂糖の400倍以上もあるという。

もちろん飲むのはおすすめしないが、花祭りで使われた甘茶には、虫よけや厄除けの効能があるといわれているため、多くの参拝者が水筒に入れて持ち帰る。甘茶ですった墨を使えば習字が上達するということで、習字大会が催されるお寺も多い。

52・お盆にご先祖様を迎えるのはなぜ？

お墓参りをし、祖霊を家にお迎えして供養する夏の行事「お盆」。「盆と正月が一緒に来たようだ」と表現するほど、日本人にとって特別な期間である。

霊魂を否定するはずの仏教に先祖崇拝の儀式があるのは不思議だが、それもそのはず、お盆のルーツはインドではなく、祖先崇拝を尊ぶ中国にあるのだ。

お盆は、正式名称を「盂蘭盆《うらぼん》」という。中国で成立した「盂蘭盆経」に基づく名前だ。その内容は、釈迦の弟子である目蓮《もくれん》の孝行話である。

数ある釈迦の弟子の中でも特に優秀だった目蓮。ある日彼が神通力であの世を見ると、餓鬼道で苦しむ母親の姿が映った。釈迦に助ける方法を尋ねたところ、多くの僧が修行に入る7月15日に、みなと一緒にご馳走をお供えすれば救済されるという。目蓮がそのとおりにすると、母親は無事餓鬼道から解放された。ここから、大陸では旧暦7月に祖先の追善供養がされるようになり、これが日本にも伝わって、定着したのである。

盆踊りの光景。先祖を供養するために行われ、江戸時代には各地で流行した。

日本でお盆が始まったのは、600年代と言われている。当初は宮中で法要が開かれる程度だったが、日本も古来、祖霊を尊ぶ国だったことから、その信仰は民間にも広まっていく。旧盆が、田畑の収穫時期と近いことも、大きく影響したようだ。**収穫を先祖に感謝する農村の収穫祭とも合体した**のである。お盆で精霊棚《しょうりょうだな》に野菜を備えるのは、このときの名残りだ。こうした変化を経ていくことで、鎌倉時代前後には、現在のお盆の形になったとされている。

なお、お盆の時期には「**施餓鬼会**《せがきえ》」という行事もある。先祖供養を旨とするためお盆と混同されがちだが、これは盂蘭盆経とは別のお経に基づく儀式。釈迦の弟子である阿難が、餓鬼道に落ちるのを防ぐために、餓鬼たちに食事を振舞ったことに由来する。ルーツは違うが、お盆も施餓鬼も、先祖を大切にする日本人らしい風習だといえるだろう。お盆で里帰りをした際は、精霊棚に手を合わせ、日頃の感謝をご先祖様に伝えたい。

53・春と秋にある「お彼岸」はお盆と何が違う？

8月のお盆と並んで先祖を供養する期間。「お彼岸《ひがん》」である。

「暑さ寒さも彼岸まで」と言われるように、寒暖が和らぐ春分と秋分、3月21日と9月21日の前後3日を合わせた一週間が彼岸となっている。この時期に、全国のお寺で行われるのが「彼岸会《ひがんえ》」という法要だ。お盆の時期と同じく、お寺で説法を聞いたり、お墓参りをする人も多い。実はこのお彼岸が、日本独自の文化だということを、ご存じだろうか？

彼岸の由来は、サンスクリット語のパーラミターの漢訳である「到彼岸」だ。衆生の住む「此《し》岸《がん》」は迷いの世界であるのに対し、仏の住む「彼岸」は悟りの世界だと考えられた。つまり、もとは死とは無関係だったのだ。

日本的な意味に変化したのは、浄土思想や民間思想の影響だ。

春分と秋分の前後3日を合わせた時期は、「中日《ちゅうにち》」とも呼ばれる。この時期には、太陽が真東から昇って真西に沈む。仏教では、西方に極楽浄土があると説いていたため、真西へ沈む太陽を眺め

山越阿弥陀如来図。日本独特の阿弥陀図で、浄土信仰と太陽信仰の融合を表している(『彩雲慈光』国会図書館所蔵)

て瞑想していれば、極楽浄土へ行く道が開くと信じられたのである。

また、悟りという遠い世界を意味する彼岸は、同じく生の世界から離れた、死のイメージと結びついた。これが江戸時代末期に根付いたことで、日本人はお彼岸の日に、死者の供養をするようになったのである。

もちろん、こうした文化ができるまでには、大陸の影響も多分に受けていたと考えられる。日本古来の太陽信仰と仏教の融合を指摘する声もあるし、そもそも唐で書かれた『観経疏《かんぎょうしょ》』には、西方浄土と太陽を結びつける考え方が示されている。こうした価値観が日本に取り込まれたとしても、おかしくない。

なお、彼岸はお盆と似ているが、彼岸が先祖を供養しに行く日なのに対して、お盆は先祖の霊を迎える日。全くの別物ではあるが、どちらも先祖崇拝を尊ぶ日本人らしい風習だといえるだろう。

54・関西で多い「地蔵盆《じぞうぼん》」「十三詣り《じゅうさんまいり》」ってなに？

仏教には全国共通の行事もあるが、地域特有の行事も数多い。中でも規模が大きく歴史も古いのが、関西圏で見られる「地蔵盆《じぞうぼん》」と「十三詣り《じゅうさんまいり》」だ。

盆と言っても、地蔵盆は先祖供養の行事ではない。**地蔵菩薩への信仰から行われる縁日**である。8月23日から24日にかけて、京都を中心とする近畿圏内と中部地方の一部でよく見られる。特徴は、主役が子どもたちだということだ。実は地蔵菩薩は、子どもの救済者。地蔵への信仰が関西一帯で広まると、子どもたちの無事を祈る行事として、受け入れられるようになったのである。

地蔵盆当日の午前。子どもたちは鐘や拍子木《ひょうしぎ》を鳴らして町内を周り、地蔵堂などに作られた簡易の集会場へと集まる。おやつを貰い、お坊さんが説法をしてから、巨大な数珠を輪になった子ども達が回す「数珠回し」をする。そして福引や各種ゲームなどの催しが行われるのである。

中には数珠回しをしなかったり、「六斎念仏《ろくさいねんぶつ》」という踊り念仏をしたりする地域もあり、バリエーションは豊かだ。京都では街道にある六つの地蔵を参拝する「六地蔵巡り」の日でもあるので、お

福井県小浜にある地蔵盆で使われる集会場

地蔵様のある源光寺など、六つのお寺を巡る人も多い。

一方の十三詣りは、数えで13歳の子どもを対象に行われる。時期は3月から5月までの13日。京都市西京区嵐山の法輪寺はその名所で、晴れ着や羽織袴姿の少年少女を連れた親子の姿がよく見られる。

13歳になる年は、中学生になる人生の節目。江戸時代までは、大人として扱われはじめる重要な年齢だった。そのため、成人する子どもの厄払いをして仏の知恵を授かるために、この行事は行われたのである。

十三詣りの十三は、「十三仏」と呼ばれる仏の13番目・虚空蔵《こくうぞう》菩薩《ぼさつ》のこと。智恵の象徴とされた菩薩だ。人々は、この虚空蔵菩薩の縁日である旧暦3月13日にお寺へ詣でた。これが、十三詣りの始まりとされている。

なお、帰りに振り返ると授かった知恵がなくなるとされているので、山門や鳥居をくぐるまで、法輪寺では渡月橋を渡り終えるまでは、前だけを見て進むようにしよう。

55・死者は四十九日で次の生が決まる？

地域や宗派によって法事の流れは異なるが、多くが49日目で忌明けとしている。49日の後も百ヶ日、一周忌、三回忌と供養は続くものの、最も大事なのは49日目。なぜこの期間が供養の節目なのかといえば、死者が来世に行くのが死後49日目とされているからだ。

仏教における死の過程は、中国でつくられた『十王経《じゅうおうきょう》』というお経に記されている。まず、死者の魂は八百理（約3200キロ）の山を7日間かけて踏破する。そうしてたどり着くのが冥府の法廷だ。ここで生前の罪を裁かれて次の輪廻へと進む。

裁判は計7回。裁判官は裁判ごとに変わる決まりだ。なお、冥府の裁判官として有名な閻魔大王《えんまだいおう》は5回目の裁判を担当しているが、輪廻の行き先を決定する権限はない。生前の嘘の有無を調べるだけで、実はそこまで大きな実権は握っていないのだ。

これらの裁判は、7日ごとに罪を裁定される。7人×7日間で計49日。つまり、裁判の全行程が終了するのが49日であるため、49日を節目にして、法要を開くのである。

冥府の裁判官の一人閻魔大王。地蔵菩薩の化身でもある（『十王寫』国会図書館所蔵）

この49日の期間、僧侶は肉食を慎みながら7日ごとの法事で死者の罪を消滅させ、次の輪廻が決まる49日目の法要で、魂を来世に送り出す。死者は浄土へ行くと教える浄土宗系でも、仏教の伝統を重んじて7日ごとの法事を行っている。

もちろん、こうした儀式をすべて行うのは大変であるため、現在では、7日ごとの法事を省略することも増えている。スケジュールの都合で、49日に親族知人が集まれないときもあるだろう。

そんなときは、49日より前の土日祝に法要を行うのがいい。後ろにずらすのは故人に対して礼を失する行為。他の年回忌法要をずらす場合も同じである。

なお、三月（身付き）は縁起が悪いので避けるべきだとよく言われるが、他の日に集合できない場合は無理して変更しなくていい。故人と親しかった人々とともに、来世の安寧を願ってあげよう。

56・現在のようなお墓は新しいもの？

ここ最近、「墓じまい」をする家が増えている。墓を管理する後継者がいないことから、止む無く先祖代々の遺骨を取り出し墓を廃す。それが墓じまいだ。墓じまい後の遺骨は、親族によって川や海に散骨されたり、一部が手元に残されたり、さらには宇宙に飛ばされることも。死者の弔い方が、大きく変わろうとしているのだ。

とはいえ、日本に今のようなお墓ができたのは、そう古い時代ではない。庶民の間に登場したのは、江戸時代の半ば頃から。江戸幕府の政策によって生まれた、比較的新しいものである。

お墓が普及した背景には、江戸幕府による民衆管理政策がある。江戸幕府は、各寺院が民衆の戸籍を管理する「檀家制度」を敷いていた。好きなお寺の檀家になることはできなかったものの、これによって裕福な庶民は、寺の墓地に墓石を置けるようになった。

これが近代以降になると、現在主流となっている角柱型の墓石が一般化し、先祖代々の墓が作られるようになる。それ以前の墓石は、仏塔型や板碑型など様々な種類があり、故人1人につき1基

仏教式の墓地。明治時代以降に一般にも普及するようになった。

の墓を建てるのが一般的だったが、用地不足や土地購入費用の懸念から、一族をまとめて供養する合祀墓がつくられるようになったのだ。それが大正から昭和にかけてのことで、現代でも主流となっている。

ただし、お墓の普及は幕府政策によるものだが、現在日本で一般的な火葬は、仏教によって広まった弔い方だ。仏教が広まる以前、日本では土葬や山奥へ遺体を捨てる遺棄葬が一般的で、衛生的には問題があった。しかし、釈迦の遺骨が火葬されて弔われたという伝承が伝わると、有力者を中心に火葬が広まるようになり、明治時代以降には一般化したのである。

最近では従来の墓石の他に、洋風式や故人の趣味に合わせたユニークな墓も増えつつある。管理をしやすいよう、墓を持たない納骨堂や屋内墓所に葬るケースも増えてきた。今後も時代に合わせて、お墓の形や埋葬方法も変わっていくものと思われる。

57. お墓に水をかけるのは掃除のためではない？

仏教の世界観では、四十九日が終わると魂は次の輪廻に進む。それではお墓に故人はいないのかといえば、そうではない。墓を故人の依代とする神道の影響からか、日本人は、遺骨のあるお墓に参れば、故人に想いを伝えられると考えてきた。

故人への敬意を表すこと。それがお墓参りで一番大事なことだが、正しい手順を守ることも忘れないでおきたい。作法にはそれぞれ意味があるため、覚えておけば故人も喜んでくれるはずだ。

お墓参りに決まった時期はないが、手ぶらではなくお供え物や数珠、線香、ロウソク、ゴミ袋、お花を持っていくのが理想的だ。気持ちがこもっていれば、生花でも造花でも問題はない。

本堂へお参りを済ませたら、お墓とその周りを掃除して、新しく汲んだ水を柄杓でお墓の上からかけていく。これも掃除の一環だと勘違いされることもあるが、水をかける目的は、墓石を清めることにある。また、故人が餓鬼道《がきどう》に落ちていた場合、喉の渇きで飢えないように、水をかけて癒すのだ。

続いて花と水を取り替え、お供え物を用意出来たら、線香にロウソクで火をつける。ロウソクの

墓石に水をかける様子。掃除とは別に、墓石を清めることが目的の一つ。

火は、仏法の輝きを象徴するからだ。線香は束のまま供えるのが一般的だが、宗派によっては数が違うため、事前に確認しておこう。

なお、ここで線香を立てるのは、いくつか理由がある。香りでその場を清める、動物を避ける、故人と五感を共有するなどがそうだが、実は線香の香りは、死者の食べ物でもある。正確には、悪い行いをした者は、悪い香りしか味わえないが、線香のよい香りをあげることで、故人が善人だということを、仏に伝えているのである。

こうして全ての準備を終えたら、墓前で合掌しながら、先祖へ感謝の念と家の出来事を報告しよう。宗派や地域で違いはあるが、これがお墓参りの基本的な流れである。

最後に注意すべき点は、お供え物の扱いだ。お供え物を置いたまま帰る人も多いが、飲食物をそのままにすると腐り、故人に対して失礼になる。お墓参りが済んだら家に持ち帰り、親族で食べるようにしよう。

58・仏壇を祀る方向は東西南北どっち？

最近は減ってきているが、一昔前は多くの家に仏壇があった。扉を開ければ、その家が信仰する宗派の世界が表現されており、小さいながらも厳かな雰囲気のあるものが多い。

実は仏壇の風習は、日本独自のもの。中国大陸や朝鮮半島、タイなどの仏教国にはもともと存在しないのだ。

確かな由来はわかっていないが、先祖を尊ぶ日本人の価値観は反映されているだろう。仏教が日本人の祖先崇拝と結びついていることは、これまでも紹介してきたとおり。江戸時代になって庶民の間で仏壇が広まると、日本人は家ごとに先祖を崇拝できるようになったのである。落語の噺《はなし》に仏壇がよく出てくるのも、当時の世相をよく表している。

仏壇を新しく設ける際には、はじめに菩提寺で開眼供養《かいがんくよう》をしてもらう必要がある。仏壇に魂を入れるためだ。その他、お供えにはさまざまなルールがあるが、意外に知られていないのは、仏壇を置く方角である。

仏壇は、貴族などが自宅に構えた持仏堂と先祖を迎えるための魂棚から派生したと考えられている。

設置に適した場所がない場合、そこまでこだわる必要はないが、理想の方角は、東向きか南向きだ。

東向きが理想とされるのは、極楽浄土がある西の方角を拝むことができるから。

南向きの場合は、釈迦が南向きに座って説法を行っていたからだ。

もう一つ気を付けるべきなのが、神棚や床の間と向かい合わせにならないようにすること。

対面させると、どちらか一方を拝むとき、もう一方に背中を向けることになってしまう。神様と仏様を怒らせないよう、配慮しようというわけだ。

仏間がなければどこに置いても問題はないが、仏壇は直射日光に弱いので、可能な限り静かで日の当たりにくい場所に置いておきたい。不浄とされるトイレの近くも避けた方がいいだろう。そうすれば、ご先祖様も仏さまも喜んでくれるはずだ。

59・どうして仏前に線香を上げるのか？

仏事で必須の道具といえば「線香《せんこう》」である。その名のとおり、香料などを線のように棒状にしたもので、主に仏前・墓前へのお供えとして使われるが、その歴史は意外と浅い。日本に伝来したのは戦国時代といわれ、一般に広まったのは江戸時代に入ってからである。今日お寺で見かける光景は、仏教が盛んだった平安時代や鎌倉時代にはまずありえないものだったわけだ。

比較的新しい道具である線香が広く浸透したのはなぜか？　それはもともと仏教で、お香が重視されていたからだ。

一般人がお香に接する機会はあまりないが、お寺には、花や灯明《とうみょう》（ロウソク）と並ぶ「三具足《さんぐそく》」として仏前に置かれている。葬式で出される香典も、お香の薫りを霊前にお供えした名残だ。

お香がここまで重視されるのは、古代インドの風習が影響していると考えられている。釈迦が生きた時代のインドでは、目上の人と会う前にお香を焚《た》く風習が根付いていた。この文化に影響され、仏教ではお香を焚くことによって心身が清められ、煩悩のない真実の姿で仏に帰依できると考える

線香の香りの元は、白檀や沈香が基本だが、バラやスミレ、ラベンダーなどの植物が使われることもある。

ようになった。そしてこれが、より手間のかからない線香に変わったというわけである。

現在、葬式や墓前で線香をお供えするのは、煙が浄土とこの世を繋いで、故人や仏に気持ちを届ける手助けとなるからだとされている。また、死後の魂は香りを食べると言われることから、宗派によっては中陰《ちゅういん》（故人の死後満49日間）の間は「食香」として線香を絶やさないことも多い。この他にも、坐禅をする時間を計るために、線香が燃え尽きるまで灯す禅宗のような使い方もある。

なお、線香の焚き方にもマナーはあり、基本的なものとしては、一礼してからロウソクの火で灯し、片手で扇いで火を消してから、1本ずつ香炉に立てていく。決して息で吹き消してはいけない。

仏教の価値観では、嘘をついたり人を傷つけたり、口は悪い行動の元である。故人に失礼にならないよう、気をつけるようにしよう。

60・数珠を使いまわすと罰があたる？

法事や葬儀、お墓参りで使われる数珠《じゅず》。故人の冥福を祈る際、数珠を両手で挟んで拝むのが一般的だが、そもそもどんな意味があるのか、ご存じだろうか？

数珠の原型は、古代インドで使われていた修行道具にあるとされる。日本には、6世紀半ばに仏教伝来とともに持ち込まれたという。**108つの珠を擦り合わせることで、煩悩を消し去ることができる**と考えられていたようだ。

また、数珠には**唱えた念仏を数える**という、実用的な面もあった。「念珠」と呼ばれるのもそのためだ。そのため、念仏を重視する浄土宗や、呪文を用いる真言宗や天台宗では特に用いられた。小型で簡単に持ち運べるため、鎌倉時代を境に一般の信徒も数珠を持つようになり、今では仏教を象徴する道具となっている。

現在では、数珠は持ち主と浄土世界との縁を強め、仏に自分の念をより強く送るために用いられている。故人や仏に感謝の想いを伝えるために、数珠の使用が奨励されているのである。

浄土宗の開祖・法然（左）と真言宗を持ち込んだ空海（右／『日本国宝全集』国会図書館所蔵）。両者とも、手に数珠を持っている。

その使い方だが、意外なことに不浄を意味する左手で持つのが基本。

人間の象徴である左手を、数珠の導きで仏を意味する右手に合わせる。そんな意味が、この行動には込められていたのだ。大事な導き手であるため、椅子や床に直接置かず、数珠袋かハンカチに包んでバッグなどにしまうのが望ましい。

なお、合掌の作法は宗派によって微妙に異なる。浄土宗では両手の親指にかけて房を垂らすし、真言宗では左右の中指に数珠をかける。故人の宗派の数珠や作法を覚えて行くのが一番だが、もしもわからなければ、そこまでこだわらなくてもいい。気持ちがこもっていれば、それで問題ないはずだ。

忘れたときは数珠なしでもいいが、使いまわしは厳禁。数珠は持ち主を守護するお守りでもあるため、家族や親しい友人であっても、貸し借りしないようにしよう。

61・お坊さんのネット派遣サービスの実態とは？

物流管理やクラウドを利用したデータ分析など、「IoT」と呼ばれるインターネット社会化が進んでいる。通信網が拡大して既存のネット環境も整備され、誰もが気軽で簡単に、ネットを利用できるようになった。そうしたネットサービスの波は、仏教界にも押し寄せた。中でも最近話題なのが、「僧侶派遣サービス」である。

利点は手軽さにある。日程調整で困ることもあるお寺とは違い、派遣サービスには複数人の僧侶が所属していることが多いので、都合のいい日に来てもらいやすい。金額で悩むことの多いお布施も「定額料金」なので用意しやすいし、あらゆる宗派に対応していてニーズに合いやすい。檀家にならなくていいし、電話やメールで相談ができることも利点の一つである。利用料金の相場も3万円から5万円が基本と、比較的良心的な設定だ。業界大手の僧侶便が通販サイトアマゾンで手配券を販売したことが一時話題となった。お寺と家庭との関係の希薄化やネット社会に対応した新しい仏教の形として、新規参入するお寺や企業は数多い。

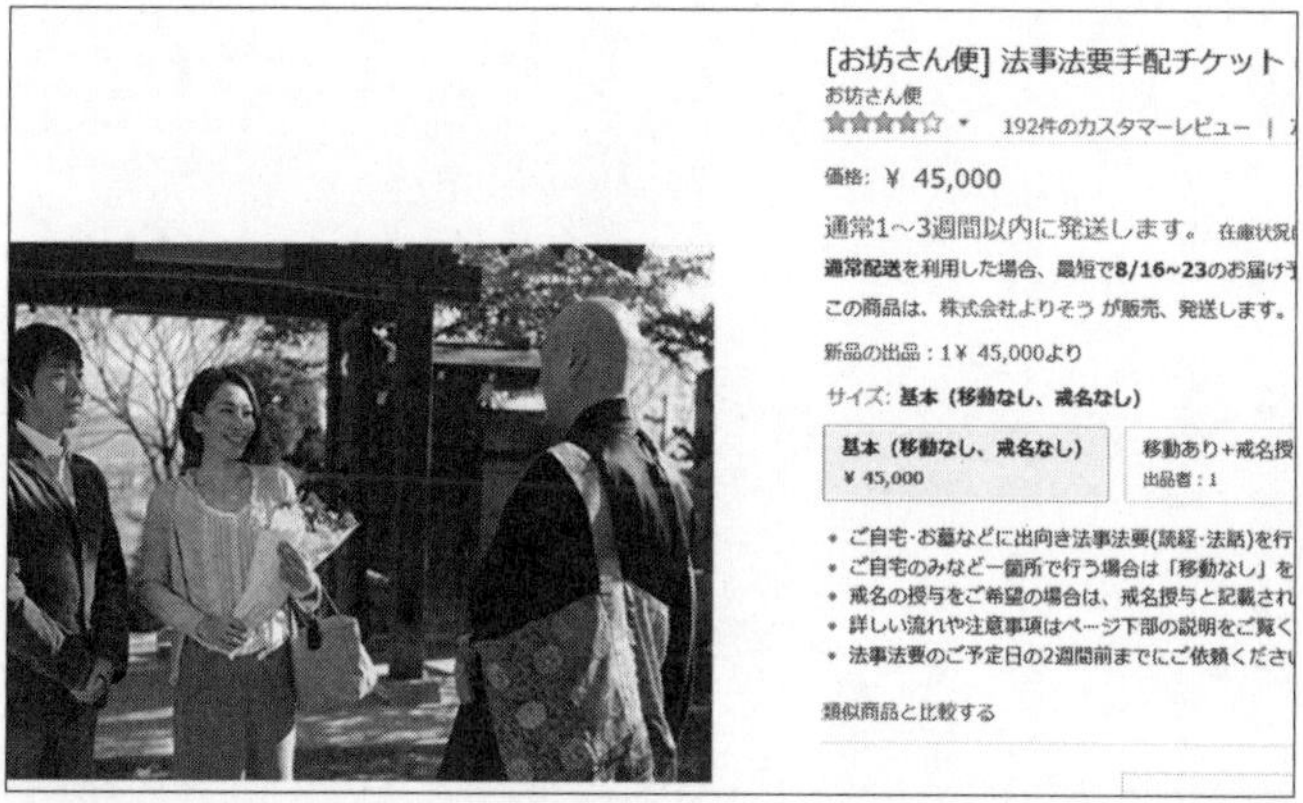

2019年10月までアマゾンで販売されたお坊さん便の画面（Amazon.co.jpより引用）。

しかし、派遣サービスにも問題はある。まず、**僧侶の派遣をしているお寺は全体の1割か2割**しかなく、それ以外のほとんどは企業である。僧侶便を運営しているのも、IT企業の「株式会社よりそう」だ。活動実績のある大手ならば心配は少ないが、中小団体や参入直後の企業だと思わぬトラブルになることも考えられる。

最も見られるトラブルは、派遣される僧侶関係。寺に属していない僧侶や故人の信仰と異なる宗派の僧侶が来たケースもあるという。読経以外をオプションとして別料金を要求する現金な企業もあるため、注意が必要だ。

当然ながら、派遣サービスを快く思わない僧侶は少なくはない。お布施の定額化は本来の意味に反するとして全日本仏教会のように抗議する団体やお寺もある。

しかし、それでもこうしたサービスが登場したのは、葬儀をめぐって既存の仏教界への不満があるからだろう。時代の変化に応じた対応が、仏教界には求められそうだ。

62・仏教にも独自の結婚式がある？

結婚式の方法といえば、多くの人はキリスト教の教会式か、神道の神前式を想像するだろう。葬式のイメージが強い仏教には、独自の結婚式はないと考えられがち。だが、実は仏教にも、信仰に則った結婚式が存在するのだ。

歴史的にいえば、浄土真宗を除けば僧籍の結婚は公に認められてこなかった。しかし、僧侶の婚姻が法的に許可された明治時代になると、お坊さんの結婚は増加し続けた。この事態に対処するために、仏教独自の「仏前式」が始められたのである。

教会式や神前式は神の前で結婚の誓いを交わす儀式だが、仏前式の目的は「誓いと報告」。新郎新婦の出会いは衆生における無数の縁の賜物とし、来世まで続く愛を誓う。それと同時に、両人の結びつきを仏や先祖の慈悲として、感謝を伝えるのが習わしだ。

挙式の流れは宗派によって異なるが、一般的には次のように行われる。

まず、仲人の先導で新郎新婦が式場に入場し、戒師がその後に続く。戒師の焼香と合掌が終わると、

仏前結婚式の様子（朝日新聞社提供）

仏に婚礼の開始を告げる「表白文《ひょうびゃくぶん》」が読まれ、戒師が新郎に白の数珠、新婦に赤房の数珠を授けて、両者に誓いの言葉を求める。数珠は式の終了まで左手で持つことになる。

両者が誓いを述べ終えると、新郎から順に仏前で焼香をして、次は新婦から三々九度の杯を交わし、最後に列席者で盃を行う。最後に戒師の法話が終わると、奏楽に合わせて新郎新婦一同が退場するのである。寺によっては指輪交換を組み込むこともある。

会場となるのは、どちらかの家系と馴染みの深いお寺の本堂か、自宅の仏前が一般的である。

最近では、2010年7月に結婚した市川海老蔵と小林麻央夫妻のように、仏前式を選ぶ有名人が増えていることから、仏教の結婚式にも注目が集まりつつある。

もしも、仏前式に招待されたとしても、服装は普通の式と同じで構わない。しかし仏教の儀式なので、数珠は必ず持っていくようにしよう。

岩佐又兵衛が描いた「洛中洛外図」(部分)。右側には秀吉が造立を命じた大仏を納める大仏殿が見える。大仏は東大寺の盧舎那仏を超える大きさだった。

第四章

お寺にまつわる日本の歴史

63・仏教が日本に伝わったのはなぜ？

仏教は、朝鮮半島を介して日本に伝わった。少し前の教科書では、『日本書紀』の記述に基づく552年説が有力だとされていたが、最近では内容に脚色が多いということで、538年説が支持を集めている。

いずれにせよ、仏教が日本にもたらされたのは6世紀半ばになるわけだが、この時期に伝わったのには、わけがある。**仏教は、日本の軍事援助を引き出すための、いわば取引材料だった**のである。

当時、朝鮮半島にはいくつかの国があった。日本と交流のあったのは、朝鮮半島西部の国家・百《く》済《だら》である。このとき百済は、半島東部の国家・新羅《しらぎ》の侵攻を受けて苦境に立たされていた。そこで百済の聖明王《せいめいおう》は、ヤマト王権に救援を求めることにした。この際に軍事援助の見返りとして聖明王が用意したものの中に、**経典と金色に輝く仏像**が含まれていたのである。

『日本書紀』の記述からは、仏像の美しさに魅了されている様子が見て取れるが、仏教が受容されるまでは、一悶着あったと記されている。

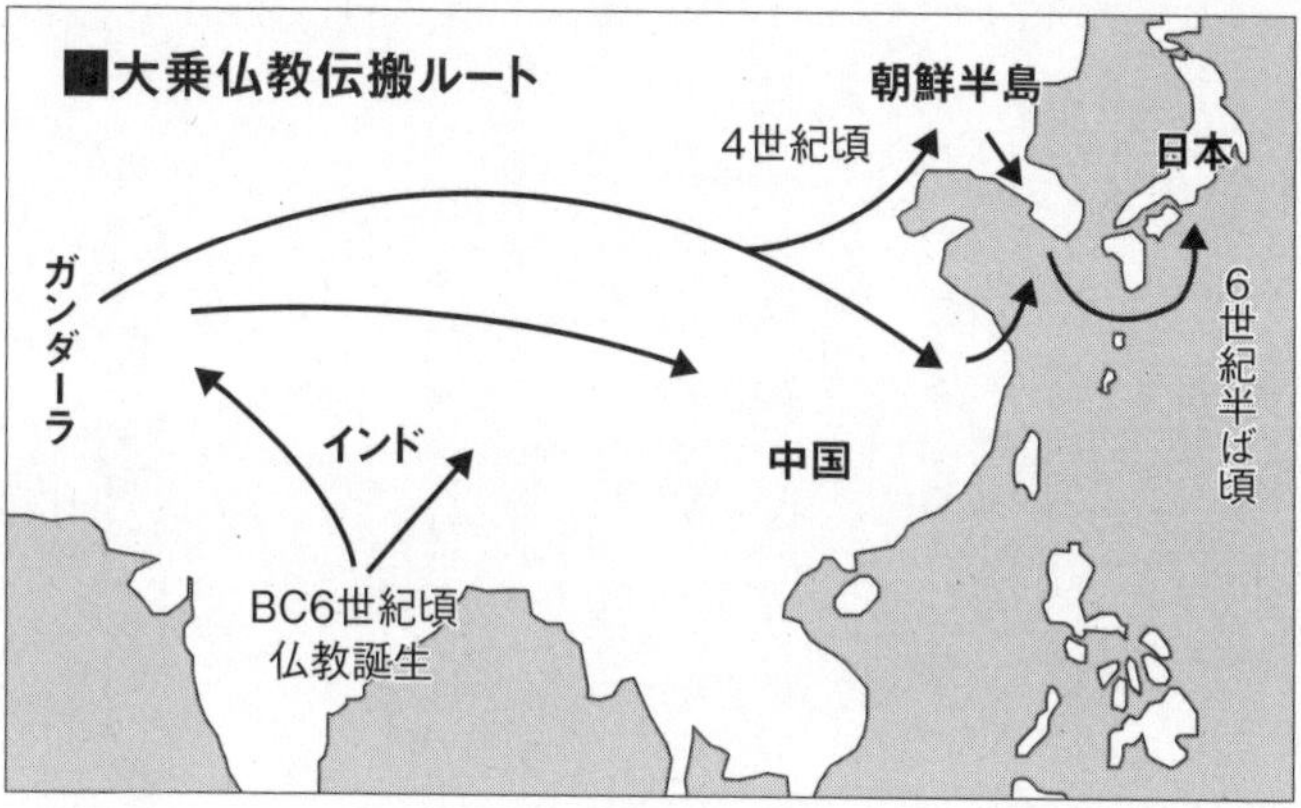

仏教伝来

祭祀の管理を担う物部氏《もののべ》は仏教受容に反対したのに対し、渡来人との関係が深い蘇我氏《そが》は仏教を受け入れる立場をとる。武力衝突にまで発達するが、蘇我氏が勝利を収めたことにより、仏教許容の道が大きく開かれたという。

ところがこの対立も、現在では異論が唱えられている。

実は、仏教受容に関する『日本書紀』の記述は脚色が多い。同じ内容の記述が異なる時代の項目にあることが多く、信頼性が高いとはいえないのだ。物部氏は自分の氏寺を建てていた痕跡が残っているため、物部氏と蘇我氏の対立は、必ずしも仏教が原因とは言い切れない。仏教受け入れをめぐる出来事をドラマチックにすることが、編纂者の目的だったのかもしれない。

なお、これらの仏教伝来の話は、あくまで仏教口伝の話。民間では、それ以前から仏教が伝わっていたようだ。布教は渡来人を通じて始まっていて、坂田寺のように百済からの伝来前に建てられたお寺もあった。

64・日本初の出家者が女性だったのはなぜ？

日本の仏教の発展には、女性の活躍が深く関わっている。日本で最初に僧侶になったのは、実は「善信尼《ぜんしんに》」という女性なのだ。釈迦が女性の出家を認めようとしなかったというエピソードが示す通り、仏教は男性を意識した宗教だった。にもかかわらず、善信尼が出家したのはなぜなのだろう？

善信尼は、司馬達等を父に持つ鞍作嶋という人物だ。手引きしたのは、6世紀後半から7世紀にかけて、絶大な権力を誇った蘇我馬子。朝鮮半島の高句麗《こうくり》から来た元僧侶の恵便を戒師として、嶋と2人の少女が出家することになった。

成人前の女性を出家者に選んだのは、出家者を神と交信できる巫女のイメージと重ねたからだと考えられる。というのも、この頃の日本人は、仏教を異国のきらびやかな神として受け入れてていた節がある。『日本書紀』にも仏教を「外国の神」と記しており、教義を理解して受け入れたわけではなかった。天変地異を鎮めるのに外来の神を受け入れ、巫女を介してその言葉を聞き取る。そのため日本初の出家者は女性になったと考えられる。

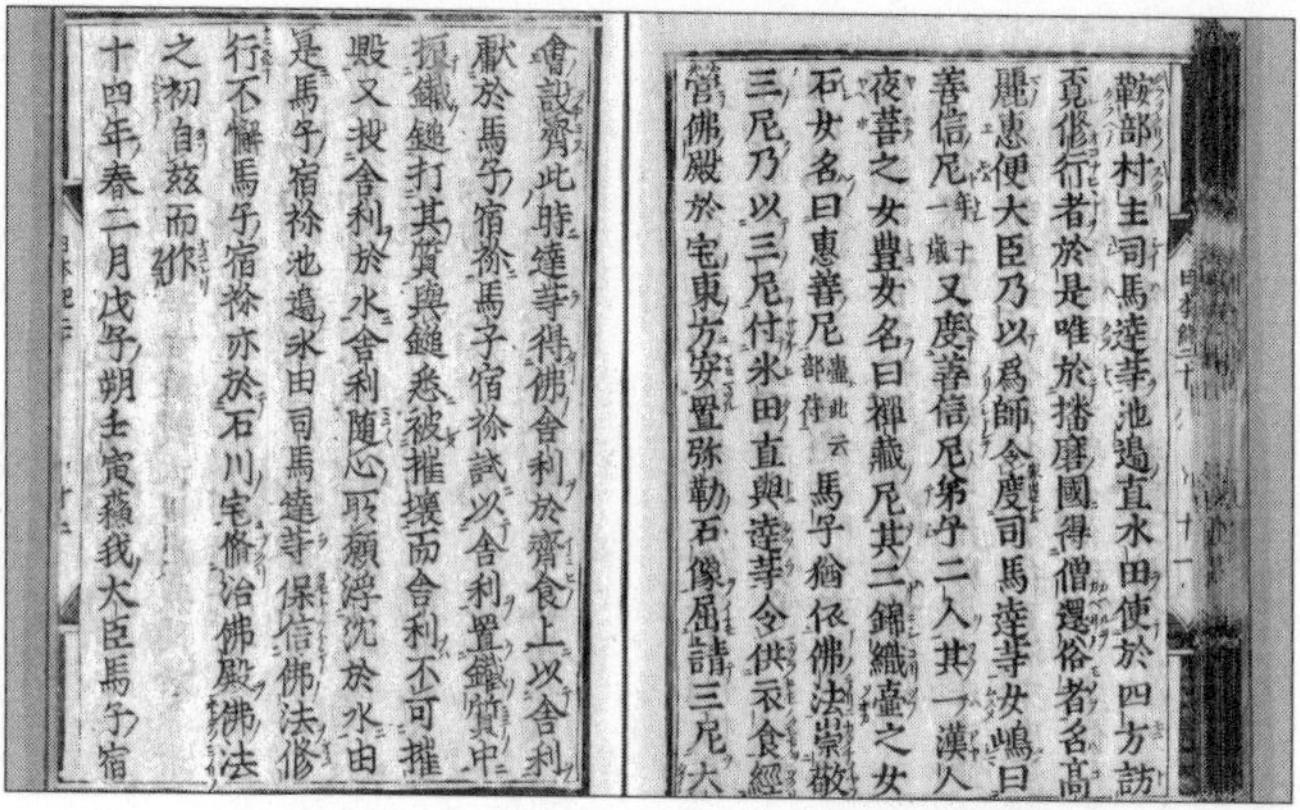

鞍部村主司馬達等池邊直氷田使於四方訪
覓修行者於是唯於播磨國得僧還俗者名高
麗惠便大臣乃以爲師令度司馬達等女嶋曰
善信尼年十一歳又度善信尼弟子二人其一漢人
夜菩之女豊女名曰禪藏尼其二錦織壼之女
石女名曰惠善尼壼此云都苻馬子獨依佛法崇敬
三尼乃以三尼付氷田直與達等令供衣食經
營佛殿於宅東方安置弥勒石像屈請三尼大
會設齋此時達等得佛舍利於齋食上以舍利
獻於馬子宿禰馬子宿禰試以舍利置鐵質中
振鐵鎚打其質與鎚悉被摧壞而舍利不可摧
毀又投舍利於水舍利隨心所願浮沈於水由
是馬子宿禰池邊氷田司馬達等保信佛法修
行不懈馬子宿禰亦於石川宅修治佛殿佛法
之初自茲而作
十四年春二月戊子朔壬寅蘇我大臣馬子宿

善信尼の出家について記した『日本書紀』（国会図書館所蔵）

また、仏教受容に懐疑的だった豪族の反対を避けるため、まずは女性を出家させたと考えることもできる。実際、初の出家者となった善信尼たちに対する豪族の目は冷たいものだった。『日本書紀』によれば、疫病が流行するとこれが仏教布教の影響だとして、善信尼は法衣を剥ぎ取られた全裸状態で、ムチ打ちの刑にも処せられたという。

しかし、587年、蘇我氏がライバルを倒して専制体制を確立すると、善信尼は588年から2年間、本場の教えを学ぶために百済へ留学。これは日本初の公式留学生で、小野妹子遣隋使団に随行した留学僧よりも、なんと20年も早い。その時善信尼はまだ10代の少女だった。その後、善信尼は590年に帰国し、以降仏教の興隆に大きな功績を残したとされている。

ただし、日本初の出家者が女性だという部分はともかく、その他に誇張が多いと考えられているため、そのまま鵜呑みにせずに逸話の一つだととらえたほうがいいだろう。

65・天皇が仏教に帰依するようになった時期は?

かつての天皇は、朝廷の頂点に位置する存在で、祭祀の最高責任者でもあった。しかし、仏教を国を守る教えとして受け入れて以来、天皇は仏教に深く帰依し、仏道の道を進んできた。

仏教にはじめて帰依したのは、用明《ようめい》天皇だとされている。蘇我氏や聖徳太子など、仏教受容に積極的な有力者の影響を受けていたと考えられる。

用明天皇より積極的に仏教をとりいれようとしたのは、やはり聖武《しょうむ》天皇だろう。

聖武天皇の時代は、地震や疫病などの国難が次々と発生した不安定な時期。聖武天皇は救いを求めようと、「現世利益」のある仏教を信仰するようになった。聖武天皇は、国家鎮護を願って全国各地に国分寺や国分尼寺の建立を指示。ほとんどが、その地方で最大の建築物になったという。さらに752年には奈良・東大寺で大仏の開眼法要を実施。退位後も仏門に入るなど、深く仏教に帰依した。

はじめて仏式で葬儀を行ったのも、聖武天皇である。以後、天皇は古墳に祀られず、仏教の大喪が

聖武天皇が鎮護国家のために建造を命じた東大寺の盧舎那仏。完成披露宴である大仏開眼会には、中国、インドの僧侶も招かれた（© Dmitry.S.）

通例となった。天皇自身が出家することも珍しくなく、僧侶の身となった上皇には「太上法皇」（法皇）の称号が与えられた。その地位に就いたのも35人にのぼる。

一方、仏教を毛嫌いした天皇もいる。江戸時代に即位した後光明《ごこうみょう》天皇である。

気性が荒く、武士のように振舞うことを好む一面もあり、剣術を愛好した後光明天皇。「朝廷の衰退は軟弱な文学の影響である」として和歌や『源氏物語』『伊勢物語』の弾圧を計画したこともある。仏教に対しても手厳しく、「無用の学」とこき下ろして、皇室に伝わる唐櫃を開けて、中に入っていた仏舎利を庭に投げ捨てたという逸話も残されている。

それでも、明治時代までは宮中に仏壇があり、歴代天皇の位牌（尊牌）が祀られてきた。明治時代以降は京都の泉涌寺《せんにゅうじ》にまとめて祀られるなど、お寺と天皇との関わるはいたるところに残っている。

66・奈良時代の僧侶は国家公務員だった?

現代では、その気になれば誰でも僧侶になれる。しかし奈良時代では、正式な僧侶はごく限られた人間だけしかなれなかった。当時の僧侶は国家運営を左右する、非常に重要な存在だったからだ。

奈良時代は、仏教が日本に伝わって100年以上が経った時代。伝来当初と比べて教義への理解が進み、建築や造仏をはじめとした仏教の技術は、権力者たちを魅了していた。朝廷が積極的に仏教を信奉するようになったのは、この頃である。豪族の反乱を抑え、天皇中心の政権を安定させるために、仏を日本の守護神として信仰しようとしたのだ。

しかし、当時の日本には、仏法を守護する正規の僧侶が不足していた。戒律を授からなければ正式に出家できないことになっていたが、日本にはそのための施設がなかった。

そこで仏教受容に積極的だった聖武天皇は、753年に唐から鑑真上人を招き、僧侶に仏教の戒律を授けるための「授戒制度」を確立。2年後には、戒律を授ける「戒壇院《かいだんいん》」が東大寺に建立され、公式の僧侶を輩出する場となった。これが国家公認の僧侶を決める、いわば国家試験として機能す

現在の東大寺戒壇院（Ⓒ ignis）

ることとなったのである。

もちろん、戒律を受けるのは非常に難しかった。僧侶を目指す者は、各寺で出家の儀式を受けたのち、試験を受けて合格すると、出家証明書の「度牒《どちょう》」が発行される。そして教義に関する厳しい試験をもう一度突破すると、初めて授戒の権利を得られるのだ。戒壇院は福岡県の観世音寺と栃木県の下野薬師寺にも置かれていたが、全国の合格者は1年で20人程度。エリートだけが厳選されたのである。

逆に、許可を受けずに出家した私度僧《しどそう》は、国から弾圧を受けて処罰の対象となった。行基《ぎょうき》のように、民間への布教を続ける私度僧も少なくなかったが、租税を逃れようと僧侶を名乗る者もいたようだ。

この戒壇制度は、国家権力が衰退する平安時代に形骸化し、天台宗などが独自の戒壇を設けたことで制度は破綻した。それ以降、僧侶は国のためだけでなく、人々を救うという仏教本来の教えを自覚するようになっていくのである。

67・多くの土木工事を行った行基の目的とは?

仏教が国家の守護する時代だった8世紀。僧侶は朝廷の監視下に置かれ、勝手な布教は許されなかった。それでも、処罰覚悟で仏教を一般層へ布教した僧侶も少なくない。そうした中、最も民衆の支持を集めたひとりが、**行基**《ぎょうき》である。

行基は668年に河内国《かわちのくに》(大阪府堺市)に生まれた。父母共に、仏教に親しい渡来人の家系だ。両親の影響を受けて14歳で僧侶となった行基は、飛鳥寺や薬師寺で学んで教学を身につけた。そして37歳のときに生家を家原寺に改造し、民衆に教えを説いていくのである。

注目すべきなのは、今から1200年以上前の時代に、公共事業を行っていたことだ。寺院を開いたり、宿泊可能な無料の布施屋を設立したりする一方で、行基は弟子や周辺住民を指揮して、堤防や橋の工事、道路の開通や溜め池の開削などの事業を積極的に行った。行基の師は、唐へ渡って玄奘《げんじょう》の教えを受け、かの地で公共事業を担った人物。その影響を、行基は受けているのだろう。

一介の僧侶がなぜそんなことまでできたのかと、不思議に思う方もいるかもしれないが、**当時の僧侶は大陸の先進技術を身につけた技術者**でもあった。師から学んで土木知識を身につけていて

行基像（左）と行基生誕の地と伝わる大阪府の家原寺（右）。石碑には「行基菩薩誕生塚」と刻まれている。

も、不思議ではない。

また、行基は時代の要請に合った存在だった。

奈良時代以前、土地はすべて公有地で、富を増やすことが難しかったが、この頃には、開墾した土地の所有権が認められるようになっていた。当然、開発を進めたい地方有力者は、行基の活動に協力的だった。こうして行基は、民衆から「行基菩薩」と敬われるほどの支持を集められたのである。

非合法な布教を進める行基に朝廷は当初、難色を示して妨害したが、最終的には行基の活動を一部認め、国家事業に協力させる。あの東大寺の大仏建立の資金集めにも、行基は協力しているのである。

745年には、日本で初めて最高位の僧侶である大僧《だいそう》正《じょう》に任命された行基。4年後の749年に82歳で亡くなった。東大寺の大仏の開眼会が行われたのはそれから3年後のことだった。

68・仏教と神道が融合した「神仏習合《しんぶつしゅうごう》」とは？

インドで生まれた仏教は、各地に広まり独自の教えを築いてきた。日本の仏教も、例外ではない。中央アジア、中国、朝鮮半島を経てすでに釈迦の教えから変容していたが、日本に渡ると神道と結びつき、日本人の心の在り方を反映するものとなったのである。

もともと日本人は、祖先を尊ぶ民族性を持っていた。そのため、仏教の伝来後、ヤマト王権の興隆政策によって豪族が祀った氏寺は、先祖の供養が目的だった。この時期は、**仏教の教えに共感したというよりは、供養塔のかわりとして、仏像に祈りを捧げていた**のである。

同じ頃、神道側も仏教建築や読経を真似て神社の社殿や祝詞《のりと》を整備し、素朴な信仰形態を変化させていた。奈良時代には、神社の境内に寺を設けた「**神宮寺**《じんぐうじ》」が各地に建立されはじめるなど、神社がお寺に吸収されるようになっていた。

こうした神仏の近い関係をさらに接近させたのが、平安時代に密教のグループが整理した「**本地**《ほんじ》**垂迹説**《すいじゃくせつ》」だ。

2011年、140年ぶりに石清水八幡宮で行われた仏教儀式「放生会」。明治時代以前、石清水八幡宮は僧侶が管理する神社で、仏教行事も数多く催されていた（朝日新聞社提供）

これによって神は仏の仮の姿であるとされ、もとの仏を「本地」、化身である神を「垂迹」として、仏優位で神仏が合体したのである。このような神仏が混ざり合った現象を「神仏習合《しんぶつしゅうごう》」もしくは「神仏混淆《しんぶつこんこう》」といい、明治時代の1868年に神仏分離令《しんぶつぶんりれい》が出されるまで、神道と仏教が同一視される状況が続いた。

現在でも、神仏習合の名残を残すお寺や神社は少なくない。興福寺は藤原氏の氏寺として、春日大社は藤原氏の氏神として歩んできた歴史から、現在でも儀式で互いの影響を受けることがある。比叡山の麓にある日吉大社は延暦寺の守護神として仏教徒からも敬われ、日吉大社の大祭である「山王祭《さんのうさい》」の神輿も延暦寺の僧侶によって担がれていた。

今では忘れられがちだが、数百年の歴史の影響はそう簡単には消えないもの。もしかすると、すぐ近くに昔は実はお寺だったという神社も、あるかもしれない。

69・空海が伝えた密教が大流行したのはなぜ？

空海と最澄が中国から持ち帰り、平安時代初期に大流行した当時最先端の教え。それが「密教《みっきょう》」だ。字面から、あやしげなイメージを持たれやすいが、実体は大乗仏教から派生した宗派の一種。インド古来の宗教などと融合して、6世紀頃に原型ができたと考えられている。

インドや中国でも人気を集めた宗派だが、当時の人々がそこまで熱狂したのは、いったいなぜなのだろうか？

密教の普及の秘密は、民衆の間で人気のあった神秘的要素を重視していたことにある。従来の大乗仏教では、人の仏性は煩悩に埋もれているとし、仏の教えや救いに従うべきと説いていた。これに対して密教では、本尊である大日如来の神秘性を強調した。宇宙を司る大日如来の言葉は、俗人では理解することができない。そうした考え方に基づいて、密教には文字化した経典はなく、代わって仏界を描いた曼荼羅《まんだら》や図像を重視した。曼荼羅の前で瞑想することで、僧侶は仏界と繋がり、現世にいるまま仏になることができる。要は、現世肯定の思想である。

不動明王像。明王は密教特有の尊格で、特に不動明王は密教や修験道で篤く信仰された。

こうした神秘主義は瞬く間に貴族を魅了した。従来の宗派は「顕教《けんきょう》」と呼ばれ、これを修めることができたら、真の教えである密教を学ぶ。このような顕密の修学が、当時の仏教界のスタンダードになったのである。

貴族や僧侶が現世利益を肯定する密教に飛びついたのは、平安時代に広まったもう一つの思想が影響している。それは「末法思想《まっぽうしそう》」だ。

末法思想とは、釈迦の没後1000年を仏法が正しく広まる「正法」、次の1000年を仏法の効果が薄まる「像法」、その次を仏法が完全に廃れて社会が崩壊する「末法」とする考え方だ。日本では、平安末期の1052年がその末法の初年と信じられた。奇しくも1052年前後には武士の反乱や天変地異が頻発した時期。民衆や貴族が信じるのも無理はなかった。

密教寺院には優れた仏像が多いが、生きることに対する不安から、そうした作品が求められたのかもしれない。

70・平安末期の僧侶はアウトローだった？

治安の悪化が叫ばれるものの、諸外国と比べれば、まだまだ日本は平和な国だ。少なくとも、武装した僧侶が跋扈《ばっこ》した平安時代後期とは比べものにならないほど、安全である。

平安時代は優美な貴族の時代だと思われがちだが、それは都のごく一部の話で、**野盗や山賊化した武士たちがはびこる、治安の悪い時代**だった。

寺院もたびたび略奪の被害を受けたが、朝廷に野盗の全てを取り締まる力はなかったため、寺院はやむなく下級僧侶の「雑人」と、信徒の一部を警備目的で武装させた。これが「僧兵《そうへい》」の始まりだ。当時の寺院は「寺領」という独自の領地を持っていたので、自前の武具を揃えるだけの経済力を持っていた。

僧兵は、最盛期には興福寺のような大寺院で数千人、末寺を全て含めて数万人規模になったという。同じような領地を抱えた大神社でも、雑役を担う「神人《じにん》」を武装させ、警護に当たらせたという。

このように、自衛力として誕生した僧兵だったが、治安悪化が加速した平安後期になると、活動

三井寺の僧侶たち。僧兵のようないで立ちだ（『一遍聖絵詞』写し／国会図書館所蔵）

範囲は拡大した。他のお寺や豪族との紛争の解決手段として、お寺の外へ積極的に進出するようになったのである。

僧兵が嫌がられたのは、**神仏の力を背景に脅しをかけてきた**からだろう。

比叡山は、日吉社《ひよししゃ》の神木を担いで朝廷に押し入り、興福寺は、春日大社の神輿を背負って都を練り歩いた。いずれも、自分たちの要求を朝廷に突きつけるためだ。天皇をしのぐ権威と実力をもった白河法皇でも、比叡山の僧侶は手に負えないと嘆いていたほどだった。

鎌倉時代に入ると僧兵の活動は比較的沈静化していたが、戦国時代に入ると再び活発化。1536年には、京で比叡山僧兵が武士と結託して、法華経信徒と僧侶、多数の民衆を殺害する「天文法華の乱《てんぶんほっけのらん》」が起きている。

その後は戦国大名との戦いで疲弊し、豊臣秀吉から寺領を没収されたことで、寺社の軍事力は衰退したが、お寺をめぐる血なまぐさい歴史は確かにあったのである。

71・お坊さんは全国を旅する存在だった？

明治の小説家・泉鏡花《いずみきょうか》の作品に『高野聖《こうやひじり》』という短編がある。旅の僧が道連れになった若者に怪異譚を話す妖艶な作品で、現在でも人気が高い。語り手が日本全国を渡り歩いた「聖《ひじり》」であるという点も、効果的な演出だ。

平安末期、一部の特権階級のものでしかなかった浄土信仰を広めたいという思いから、全国に遊行に出た僧侶たち。それが聖だ。この僧たちは、やがて「念仏聖」と称された。空也は「市聖」、法然と親鸞は「聖人」、そして一遍は「捨聖」と呼ばれて庶民の信仰を集めることになる。

空也は念仏を広めるだけではなく、旅で集めたお布施を貧しい者に与え、訪れた地域の道路や橋を補修するという社会事業を行っていた。僧侶は布教のために全国を旅しながら、庶民に対して精神的および経済的な救いをもたらしたのである。

冒頭にあげた「高野聖」も、良くも悪くも全国で評判となった実在の聖たちだ。誕生のきっかけは、平安時代中期に起きた高野山の大火災。伽藍のほとんどが焼失する憂き目にあった。その復興

念仏聖と呼ばれた空也（左）と東大寺再建の資金を集めるために勧進（遊行）した重源（右）

資金を集めるために全国を回ったのが、高野聖だ。寺院の中で修行をする学僧に比べ、全国行脚というういわば肉体労働を担った荒野聖は身分の低い僧だったが、歌会などを開いて、庶民に親しまれた。

しかし、中には僧侶という身分を利用して悪事を働く者もあった。「高野聖に宿貸すな。娘とられて恥かくな」という俗謡もうたわれたほどだ。

さらに鎌倉時代以降になると、金銭を私的に集めることを目的とした「エセ聖」も増加。**高野聖に成りすました間《かん》者《じゃ》（スパイ）まで現れた。**1578年には、あの織田信長がスパイ容疑で高野聖1383人を捕らえて殺害している。

江戸時代になると、寺請制度が敷かれて遊行が禁止され、聖の活動は衰退することになる。しかし、全国を旅する聖という存在は、日本の歴史を考えるうえで重要なもの。忘れ去られた今だからこそ、その功罪を考え直すべきなのかもしれない。

72・浄土宗と日蓮宗の共通点とは？

貴族中心の仏教では、民衆は助けを求めることもできない。そんな思いを抱いて民衆を救おうと立ち上がったのが、「鎌倉仏教」と呼ばれる宗派を開いた僧侶たちだ。

鎌倉仏教は、大きく浄土系宗派と禅宗に分けられる。浄土系開祖の先駆けとされるのは、「融通《ゆうずう》念仏宗《ねんぶつしゅう》」を開いた良忍《りょうにん》だ。良忍は「一人の念仏が相互に融通して大きな力になる」という「融通念仏」で成仏できると説いた。この教えに影響を受けたのが「浄土宗」を開いた法然である。

もともと法然は、比叡山で天台宗を中心とした仏教教理を学び、京都や奈良にも遊学していた「旧仏教」の人間だった。だが、43歳のときに出会った『観無量寿経疏《かんむりょうじゅきょうしょ》』が転機となる。「一心に阿弥陀如来の名を唱え口から念仏を捨てなければ、阿弥陀如来が救ってくれる」という記述に影響され、もっぱら念仏を唱える「専修念仏《せんじゅねんぶつ》」の教えを説くようになったのである。法然の直弟子で「浄土真宗」を開いた親鸞も、師の教えを尊び、専修念仏に加えて阿弥陀如来による「本願」を信じれば、誰でも成仏できるとした。

浄土宗の開祖法然が京に開いた知恩院の三門。国宝に指定されている（© hashi photo）

こうした法然たちの教えは、当然ながら大きな衝撃を与えた。仏教教学を逸する法然の教えに、延暦寺と興福寺は猛反発。両寺が相次いで専修念仏の停止を訴えると、朝廷もこれを受諾して、法然は土佐（高知県）、親鸞は越後（新潟県）へと流罪《るざい》となった。

浄土系の宗派を攻撃したのは、従来の宗派だけではない。のちに日蓮宗の開祖と仰がれる日蓮も、法華経を蔑ろにすると内乱や外国からの侵略を受けるとして念仏を非難した。なお、日蓮はこの考えを『立正安国論《りっしょうあんこくろん》』にまとめて幕府に献上するが、政治批判とみなされてしまい、日蓮は伊豆国（静岡県）へ流罪となる。その後も念仏信者から襲撃を受けるなど、危険な目には幾度もあった。

それでも、仏教の腐敗をなんとかしようと、それぞれが新しい仏教を目指していった。このあと、江戸時代の黄檗宗を除けば、主だった新宗派は誕生していない。平安末期から鎌倉時代は日本仏教の大きな変革期だったのである。

73・なぜ僧侶は妻帯や肉食が許されたのか？

寺院の中には「禁葷酒《くんしゅ》入門内」と刻まれた石碑や看板を掲げているところがある。「葷」とはネギやニラのように香りの強い野菜のこと。生臭い肉を含むという解釈もある。肉食と飲酒をタブーとする標語だ。釈迦の時代は肉食自体が禁じられたわけではないが、日本に伝わる頃にはタブー化され、女犯と同じく許されない行為とされた。東南アジアには、現在でもこうした教えを厳密に守る僧侶が少なくない。

しかし、現在の日本仏教を見ればわかるとおり、これらの標語はあくまで建前。歴史的に見ても、日本では厳密に守られてこなかった。日本の僧侶は肉食だけでなく妻帯まで許されているが、それは**1000年以上も前から根付いた慣習**なのである。

そもそも日本では、戒律に対する意識が低い。鎌倉時代には子どもを作った天台宗僧侶の記録が残っているし、戦国時代には、延暦寺で女性が出入りし、肉食が普通に行われたことがわかっている。他宗でも「持妻食肉」をする僧侶は決して珍しくない。

親鸞の生涯を描いた「本願寺聖人親鸞伝絵」の写し。原本は親鸞の曾孫で本願寺の実質的な祖覚如が描かせた（国会図書館所蔵）

それどころか、肉食妻帯を公然と許可した宗派も存在した。「浄土真宗」である。

阿弥陀如来の救いを願う浄土真宗では、現世で苦労する必要はないと説き、肉食や妻帯を認めていた。この思想は、開祖である親鸞が、観音菩薩から「女犯を犯しても身を汚さないように」と夢でお告げを受けたことに由来するという。

また、狩猟や漁業を生業とする、殺生なしでは生活できない人々の業に寄り添うために、肉食妻帯を認めたという説もある。肉食妻帯に寛容だった師法然の影響もあるだろう。室町時代には、本願寺中興の祖・蓮如などは、5人の女性と結婚して、男子13人、女子14人をもうけている。他の宗派はここまでではないにせよ、僧侶の肉食妻帯は、いわば公然の秘密だったのである。

これらの慣習は、1872年、明治政府によって後追い的に認められるようになり、現在に至っている。

74・仏教界に女人禁制《にょにんきんせい》があるのはなぜ？

「女人禁制《にょにんきんせい》」という風習がある。相撲の土俵に女性を入れないようにするのも、その名残だ。地域によって違いはあるが、宗教的な理由によって根付いていったケースが多く、日本の仏教においては、奈良時代がはじまりともいわれている。

日本で最初の僧侶は尼僧だったが、仏教によって社会の不安を鎮めようとした聖武天皇は、全国に国分寺と国分尼寺を建立し、国分寺に「女人禁制」、国分尼寺には「男子禁制」の決まりを作らせた。

なぜこのような決まりができたのか？　それは、「八斎戒《はっさいかい》」に基づくと考えられる。その名のとおり抑えるべき八つの欲のことで、その中に「あらゆる性行為を行わない（不淫戒《ふいんかい》）」というものがあった。目の前に「異性」の存在があることで、この戒律を破りかねない、というわけである。

その後、奈良時代中期になると朝廷は正式な僧侶となる条件を変える。男性の僧侶には授戒を受けさせながらも女性の授戒は禁止するなど、尼僧の立場が弱くなったのである。

女性の参詣が許されていた室生寺（© Keisuke Mutoh）。女人高野と呼ばれてきた。

しかも女性は、神道において血を流す「月経」が「穢れ」だとみなされ、聖地から遠ざける考えが定着していく。これをもとにした経典がつくられて民間に広まり、女人禁制が各地で見られるようになったのである。

女性忌避の慣習に変化が生じたのは、近代化以降のこと。1872年、明治政府が幕府や寺社、社会の多くでみられた「女人禁制」を禁止したことで、多くのお寺に女性が入れるようになった。高野山や比叡山も、このときまでは女性の入山を禁じていた。

現在、穢れの価値観から女性を忌避する地域は相当まれ。祇園祭の囃子方《はやしかた》は男性に限定されているが、それは「辻廻《つじまわ》し」のときに振り落とされる危険性があるため、という理由もある。沖縄で祭祀が行われる「御嶽《うたき》」は、逆に男子禁制である。「悪しき慣習」と切り捨てるのではなく、地域の実情を考え、住民たちの理解を得ることも、大事だといえるだろう。

75・庶民に仏教が広まったのは踊りのおかげ？

権威に溺れた仏教を立て直し、民衆を救うための教義を広めた「鎌倉仏教」。しかし、当時の庶民の多くは農民であり、文字を読み、学問を修めた人などほんのわずかしかいなかった。仏教の教えを説こうにも内容を理解できない者がほとんどだった。

そこで「誰もが簡単に仏の教えが理解でき、救われるには」と、様々な方法が考えだされた。念仏を唱える浄土宗もその一つだが、「踊り」という方法で教えを広めていった人々もいる。それが一遍《いっぺん》だ。

一遍は法然の曾孫弟子にあたる人物。当然、法然の影響を受けているが、その教えは一遍独特のものだった。法然や親鸞が阿弥陀如来の本願を信じて念仏を唱えることを重視するのに対し、一遍は、阿弥陀如来の存在や本願の意味がわからなくとも、ただ「南無阿弥陀仏」とさえ口にすればよいという、非常にシンプルな布教を行ったのである。

35歳のときには念仏信仰を広める遊行の旅に出て、念仏を庶民階級に伝えていく。一遍は入門者

踊念仏の様子。中央で僧侶たちが踊っているのがわかる。

を「時衆《じしゅう》」と呼び、引き連れて全国を行脚した。

やがて、民間に根付いていた「踊念仏《おどりねんぶつ》」を布教に組み入れると、時衆は鉦を打ち鳴らし太鼓を叩き、それに釣られた人々によって急速に全国に広まっていった。

室町時代になる頃には、若者が派手な装飾を施した衣装や小道具を使って踊る「風流踊《ふりゅうおどり》」が一世を風靡。現在の「盆踊り」の原型になったとも言われている。

このように陽気で楽しげな踊念仏だが、実は一遍自身はかなりストイックで、念仏の境地に達するためには執着心を持ってはならないと考えていた。そのために、財産はおろか妻子までも捨て、自身を「捨聖《すてひじり》」と称したほど。教団や弟子を持たず寺院や道場も構えず、ひたすら行脚による説法を繰り返した。

念仏を広めたいという気持ちが誰よりも強かったからこそ、ここまで受け入れられやすいかたちをとれたのかもしれない。

76・武士の政治顧問になった禅宗の教えとは？

古代インドのバラモン教に「ディヤーナ」という修行法がある。4世紀半ば、インド出身の僧である達磨によって中国に伝わると、「禅那《ぜんな》」という字が当てられた。そう、「禅」だ。禅はやがて日本にも伝来し、修行法として取り入れられた。そして鎌倉時代になる頃には、中国から「臨済宗《りんざいしゅう》」が伝えられ、日本の仏教界を大きく変えることになる。

臨済宗を日本にもたらしたのは、平安時代末期から鎌倉時代にかけての僧・栄西《えいさい》。栄西は比叡山で天台密教を学んだのち28歳で中国の宋にわたり、当時、隆盛していた禅の影響を受けた。やがて、47歳のときに再び入宋した栄西は帰国後、禅の拠点を築いていった。

しかし、意外なことに栄西の布教はうまくいかなかった。比叡山から排斥を受け、朝廷からは他宗を惑わすとして禅宗禁止令を出されてしまうほど。しかも、栄西の説く禅の教えは理論的で堅苦しく、民衆からも支持されなかった。

そんな栄西に手を差し伸べたのが、鎌倉幕府を開いた源頼朝と妻の北条政子だ。

栄西が政子の招きで鎌倉に開山した寿福寺。禅宗だけでなく、天台宗と真言宗の教えも学ぶ寺院としてスタートした。寺域には、政子の墓所もある。

鎌倉に都とは異なる文化を築きたい頼朝は、密教僧として実績を残し、中国で最新の教えを学んだ栄西に興味を抱いていた。頼家や北条家も栄西やその弟子を支援すると、徐々に禅の利点に気づくことになる。禅は自身の修行によって悟りを開くのが基本。武力で他者を圧倒する武士にとって受け入れられやすかったのである。

鎌倉時代にはもう一つ「曹洞宗」という禅宗派がもたらされている。道元が中国から持ち込んだ宗派で、やはり幕府の庇護を受けた。5代執権の北条時頼は永平寺にいた道元を鎌倉に招待。このときの教化活動で、曹洞宗は関東一円に広まった。また、臨済宗の建長寺、円覚寺、寿福寺、浄智寺、浄妙寺は格式の高い寺として整備され、学問・芸術の中心地として栄えていった。

なにより当時の禅僧は、中国語を解するエリート。大陸の最新文化を知る外交官としても活躍していたため、武家政権は重宝し、その教えを尊んだのである。

77・一向宗《いっこうしゅう》が織田信長と互角に戦えたのはなぜ？

戦国の覇者・織田信長を最も苦しめた勢力。それは意外にも、仏教徒だった。尾張と美濃の二国を平定して、幕府の協力で京へ上洛した信長だったが、実は「一向宗《いっこうしゅう》」の軍勢に奇襲されて敗走したことがある。1570年9月、三好家攻撃の最中のことだ。

一向宗とは、浄土真宗の信徒や教団を指す名称として、宗派以外の人間が使った用語である。一向宗の元締めである石山本願寺は、反信長派の武将に呼応し、全国の信徒に蜂起を促した。そして同年11月には、尾張小木江城で信長の弟である信興を自刃に追い込み、翌年5月には信長が率いる討伐軍を伊勢長島で敗走させていた。こうした「一向一揆」の鎮圧に信長がかけた時間は、幾度か休戦しつつも約10年。天皇の仲介による講和だった。

なぜ仏教徒が屈強な織田軍と互角以上に戦えたのか？　実は当時の本願寺は、膨大な数にのぼる信徒がもたらす莫大なお布施を元手に、軍事力を強化していたのだ。1488年には加賀国（石川県）の富樫《とがし》氏を滅ぼして100年近くも統治するなど、早くから高い軍事力・政治力を持っていた。

伊勢の一向一揆を描いた錦絵。団結力の強い一向宗には織田信長も苦戦した（歌川芳員「太平記長嶋合戦」）

畿内で他宗や領主と勢力争いを度々起こしていたので、僧侶の戦闘経験も豊富。戦国武将が相手とはいえ、一般兵である足軽は農民主体の徴収兵に過ぎない。兵の質にも大きな差はなく、むしろ信心で結束していた一向宗の方が屈強だった場合もある。

さらに一向宗は、強い組織力と諸大名からの支援を存分に活用した。本願寺の信徒は、各町村の集団や末寺、有志が集った「講」と呼ばれる集団で組織化され、宗主の命令に手早く対応する体制が整っていた。これによって、平均数千人単位の兵を動員できたとも言われている。

三好家のような畿内の諸大名や、室町幕府とのパイプも大きな武器で、将軍家の仲介で朝倉家との婚姻関係まで結んでいた。そもそも信長に敵対したのも、友好関係にあった諸大名の援護が目的だったともいわれている。毛利家や上杉家からの支援も受けることができたため、一向宗は信長と粘り強く戦うことができたのである。

78・九州で徹底的に迫害された宗派とは？

現在の姿からは想像がつかないが、江戸時代以前の仏教は、民衆支配を脅かす存在として、領主から警戒される存在だった。信仰心から領主の支配を拒み、下手をすれば団結して一揆を起こすかもしれない。そんな不安から、激しい弾圧を受けた地域があった。それが九州だ。

九州の宗教弾圧といえばキリスト教弾圧が有名だが、キリシタン迫害が始まったのは戦国末期から。それまでは、キリシタン大名である大友宗麟《そうりん》や高山右近《たかやまうこん》の影響で、キリスト教布教が盛んな地域だった。

一方で、薩摩（鹿児島県）一帯を支配した島津氏は、肥後（熊本県の一部）を支配する相良《さがら》氏と共に、浄土真宗を徹底的に弾圧した。16世紀の半ばから、遅くとも16世紀の終わりには、大規模な弾圧があったようだ。その迫害は凄まじく、信徒だと疑われた者は厳しい拷問に晒されて他宗への転向を強要され、これを拒むと処刑された。仏像や仏具の焼却地らしき痕跡は、現在でも九州各地に残っている。江戸時代には、薩摩藩が全国で唯一浄土真宗を禁止し、徹底的に取り締まって弾圧

鹿児島県に残る花尾かくれ念仏洞。入口は高さ約1.4メートルで、広さは約８畳。信者たちはこの洞窟に隠れて念仏行を行っていた（kwmn / PIXTA（ピクスタ））

を加えた。

ここまで浄土真宗が目の敵にされた理由は、定かではない。しかし、浄土真宗に対する警戒感が非常に高かったことは間違いない。当時、浄土真宗は一向宗と呼ばれ、近畿や北陸、西日本で自治組織を作っていた。団結力が強く、信仰を守るためには死も恐れない。戦う相手として、一番嫌な集団だ。**薩摩藩は、２００を超える諸藩の中でも特に百姓に厳しい国。**百姓一揆を避けるために一向宗を弾圧したとしても、不思議ではない。

こうして南九州から浄土真宗は一掃されたが、信徒の信仰心は強かった。信徒が結託して地下組織を作り、洞窟を改造した念仏堂に隠れて参拝し、他藩に命懸けで「抜け参り」するといった苦労によって信仰を守り続けた。このように隠れて信仰した信徒や一派を「隠れ念仏」という。明治時代に取り締まりが解除されると、３００年の時を経てやっと表に出てくることができたのである。

79・豊臣秀吉は東大寺以上の大仏をつくった？

大仏といえば、東大寺の盧遮那仏と鎌倉の阿弥陀仏が有名だが、かつてはそれ以上に巨大な大仏が存在した。豊臣秀吉がつくった京都の大仏だ。

天下の統一者として知られる秀吉は、関白となった翌年の1586年4月に東大寺を上回る巨大大仏を京都東山に建立する計画を立てた。その理由は定かではないが、権力欲が深い秀吉の性格からすれば、東大寺以上の大仏を建てて己の力を誇示しようとしたと考えるのが自然だろう。

1595年に完成した木造大仏の大きさは、全長約19メートル。東大寺の大仏は約15メートル、鎌倉の大仏は約11メートルであるため、秀吉の大仏は一回り以上も大きい。大仏殿は、南北約90メートル、東西約55メートルと広大で、門前には五条大橋が移設された。この大仏殿が、現在の方《ほう》広《こう》寺《じ》の原型である。

こうして秀吉肝入りで完成した大仏だったが、完成から約半年後に地震で倒壊。代わって甲斐国（山梨県）にあった善光寺の如来本尊を鎮座させたが、3年後に秀吉が病床に伏すと、如来の祟り

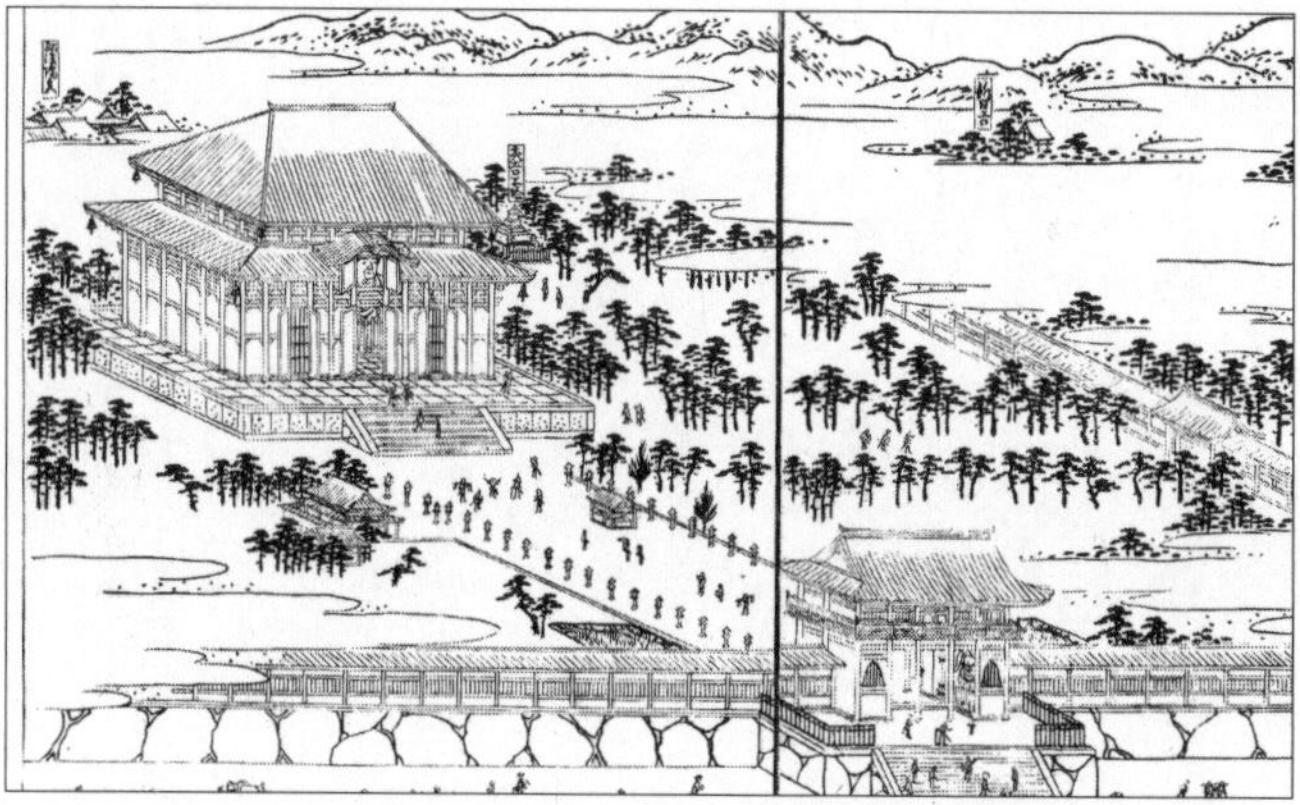

江戸時代の旅行書に描かれた方広寺の大仏（『都名所図会』国会図書館所蔵）

だとして善光寺に戻されることになった。秀吉が亡くなったのは、返還決定の翌日である。

このようないわくつきの場所で、秀吉の息子秀頼は大仏の再興に着手するが、１６０２年に起きた火災で、大仏殿もろとも大仏は焼失。再び造営され、１６１４年には梵鐘もでき上がるが、ここでさらに問題が起きた。梵鐘に刻まれた「国家安康《こっかあんこう》」「君臣豊楽《くんしんほうらく》」の銘文が家康の名を引き裂いているとして、幕府に責任を追及されたのである。

この「鐘銘《しょうめい》事件」によって豊臣家は徳川方の攻撃を受け、１６１５年に滅亡。秀頼が再建した大仏は「京の大仏つぁん」として親しまれていたが、１７９８年に落雷による火災で焼失する。その後、完全に再建されることはなく、半身だけ再現された木造仏も１９７３年の火災によって失われた。現在では大仏殿の石塁と跡地が残るのみである。ただし、豊臣家の滅亡を招いた梵鐘だけは、今も方広寺の境内に当時のままの姿で残されている。

80・大坂城は巨大寺院の跡地に建てられた？

豊臣秀吉が造り上げた天下の名城大坂城。冬と夏に行われた大坂の陣で、徳川家康も攻めあぐねた難攻不落の城だ。実は大坂城は、この地にあった巨大寺院の構造を流用していた。その巨大寺院が「石山本願寺《いしやまほんがんじ》」だ。

本願寺は、浄土真宗開祖の親鸞の墓所を起源とする。もともと京都市東山区近辺にあったといわれ、当初は大谷本願寺と呼ばれていた。第8代宗主蓮如《れんにょ》の時代に畿内でも有数の真宗教団に発展したが、比叡山の襲撃で焼失。京都・山科《やましな》の地に移ったが、1532年に法華宗の焼き討ちで破壊されてしまう。この次の本山となったのが大坂の石山本願寺だった。

石山本願寺は蓮如の別院として1496年に建てられており、この頃から櫓や塀を備えた簡易城郭でもあった。第10代宗主証如《しょうにょ》が次の本山に定めると、これまでの経験を踏まえてのことだろう、敵対する他宗派や大名との戦いを想定して防備を固め、日本に類を見ない巨大寺院となったのである。

織田信長との戦争が始まる1570年頃までには、寺院の周囲を巨大な石垣か土塁で囲み、その外

明治時代に描かれた石山本願寺と信長軍の戦いの様子（歌川豊宣「石山本願寺合戦」）

側に水を満たしたお堀をめぐらしていたと考えられる。内部には「寺内町」と呼ばれる集落に信徒が住み、商業地や武具の製作場まであった。ひと際高く盛られた中央部に寺院が構える姿は、まさに巨大な城砦そのものだっただろう。

1570年より信長との戦闘が本格化すると、第11代宗主顕如《けんにょ》は石山本願寺に籠って戦いを指揮。1580年の和睦で戦闘は終結するが、石山本願寺は最後まで攻め落とされることはなかった。

その堅牢さから「摂津第一の名城」とも呼ばれた石山本願寺であるが、織田軍に明け渡した同年8月の火災で焼失。後に跡地を得た豊臣秀吉は、石山本願寺の堅牢さに目を付け、寺院の敷地を流用して大坂城を完成させた。秀吉の大坂城は大坂の陣で落城するが、江戸時代になると幕府が新たな大坂城を築いている。そのせいで石山本願寺の痕跡は、ほとんどが上書きされてしまい、正確な広さや構造については未だに不明な部分が多い。

81・徳川幕府はお寺を利用して平和を保った？

戦国の世を終わらせ、250年の太平の世を築いた徳川幕府。平和が長期にわたって続いたのは、幕府の仏教政策も影響しているかもしれない。徳川幕府は大名並の力を持った寺院の力を削ぎ落し、仏教勢力を管理することに成功していたのだ。

徳川家康は、関ケ原の戦いに勝利するとすぐに動いた。1601年から「寺院法度《じいんはっと》」を発して仏教界に宗教行為以外の活動を禁じ、1633年に完成した「本末制度」で本山と末寺の関係性を明文化した。1635年には寺社奉行に宗派の連絡役となる「触頭《ふれがしら》寺院」を管理させて、全国の宗派を統率。1665年の「諸宗寺院法度」発布によって、幕府の仏教支配は完成した。

すでに織田信長の武力弾圧と豊臣秀吉による寺領没収によって、寺院は弱体化していたため、幕府の隙を与えない政策は、滞りなく進んでいく。そうして寺院を管理下に置くと、次に幕府が進めたのは、仏教を通じた民衆の統制だった。

1637年に起きた島原の乱を口実に、幕府はキリシタン摘発の名目で「寺請《てらうけ》制度」を整備。庶

幕府の仏教政策に関わった天海（左）と以心崇伝（右）

民を地域の寺院に必ず所属させて、証文の所持を義務付けた。さらに、庶民は個人情報や家族構成が「宗旨人別《しゅうしにんべつ》帳《ちょう》」に記録され、寺院の檀家になって管理された。いわば、お寺を役所化したわけだ。そして檀家に寺院への費用負担を強いる「寺檀《じだん》制度」を設けることで、**お寺と人々の関係を法的に義務化した**のである。

なお、寺請制度は庶民にお墓参りやお盆などの行事を根付かせることにもなったが、定着しなかった風習もある。それは「火葬」だ。日本仏教初の火葬は、700年、法相宗《ほっそうしゅう》の開祖・道昭《どうしょう》の葬儀である。その約3年後には持統《じとう》天皇が火葬され、鎌倉時代以降は民衆にも広まりつつあったが、江戸時代になっても、費用と手間の問題から、江戸や大坂などの大都市以外では土葬を続ける地域も多かった。火葬の実施率は2割程度だったと言われている。

一般に普及したのは明治以降のこと。1890年代以降に伝染病対策のために火葬が推奨され、現代に至っている。

82・明治時代に起こった「廃仏毀釈《はいぶつきしゃく》」とは？

「散切《ざんぎ》り頭を叩いてみれば文明開化の音がする」といわれた明治時代。西洋列強に追いつこうと必死だった新政府は、西洋科学や思想を取り入れ、近代的な政治体制を築こうと、涙ぐましい努力を重ねた。しかし中には、まったく予想外の結果を招いた政策もある。その一つが、祭政一致《さいせいいっち》政策だ。

祭政一致が目指されたのは、中央集権化の一環である。「国家の中心は神社を束ねる天皇で、全国民は天皇の臣民である」という構想を築くために、神道と神社が利用されようとしていた。

しかし、独自の教義を持たない神道は、長い歴史を仏教と共に歩んでいて、ほとんど仏教の一部だった。そこで1868年3月28日、国学者が立案した「神仏分離令」が出されることになる。

この布告によって、仏教由来の神号や神社内の仏像・仏具などは公的に廃止されることになったのだが、これが思わぬ影響を及ぼすことになる。民衆による廃仏運動「廃仏毀釈《はいぶつきしゃく》」である。

実は、すでに幕末頃から、小規模な廃仏運動が諸藩で起きていた。一部の地域では、腐敗して民衆に過度な経済負担を強いた仏教界に、不満が募っていたのである。そこに神仏分離令が発布され

仏具を焼く神官たち（『開化乃入口』国会図書館所蔵）

ると、仏教への猛烈な排斥運動が起こっていく。

布告自体は仏教の排斥が目的ではなかったが、布告を拡大解釈した民衆や諸藩は、各地で弾圧行為を開始。岐阜県東白川村では、藩主・遠山友禄《とおやまともよし》の指導で仏像・仏具が根こそぎ破壊され、1870年秋までに15ヶ所の寺院全てが強制廃寺となった。勤皇思想の強い十津川郷《とつかわごう》（奈良県十津川村）では、51の寺が残らず破壊され、僧侶は追放されるか神職となり、領民の葬儀が神葬祭《しんそうさい》に変更されている。

中でも特に過激だったのが薩摩藩だ。江戸幕府の庇護下で肥えた仏教界は、いわば幕府を象徴する存在。西洋化の波も押し寄せて、仏教全体へ攻撃が及んだのだ。結果、薩摩にあった1616の寺はほとんどが消滅。島津家ゆかりの禅宗寺院も例外ではなく、島津の菩提寺すら過去帳や仏像、経典を残らず焼かれて跡地には神社が建てられた。

その後、1897年の「古社寺保存法」が公布されたが、それまでに全国の寺院の半数以上が廃されたという。

83・仏教の崩壊を救ったのは外国人だった？

神仏分離令に端を発する廃仏毀釈運動で、明治初期には貴重な文化財が次々に破壊された。なんとか破壊を逃れても、仏教界に政府の支援は行き届かず、修復もままならない文化財が少なくなかった。

そんな中、文化人の中には価値ある仏像を守ろうと、必死に働きかける人々がいた。**中でも最も功績を残したのは、日本人ではなく外国人**だった。その人物の名は、アメリカ人の**アーネスト・F・フェノロサ**。東京大学に講師として招かれたお雇い外国人で、洋画を広めると同時に日本芸術の研究にも精力的に過ごした人物だ。

フェノロサが仏像保護に動いたのは、廃仏毀釈の惨状を目の当たりにしたからだった。1880年頃から教え子の岡倉天心《おかくらてんしん》と畿内の寺社を巡っていたフェノロサは、そこで徹底的に破壊された仏像と経典、そして荒廃した寺院の数々を目にした。日本絵画すらちり紙代わりになる現状を見て、フェノロサは日本の仏教と美術が壊滅寸前にあることを実感。文化財と仏教文化の保護を決意したという。

フェノロサは文部省役人だった岡倉とともに全国で講演を行い、絵画展覧会に政府要人を招待す

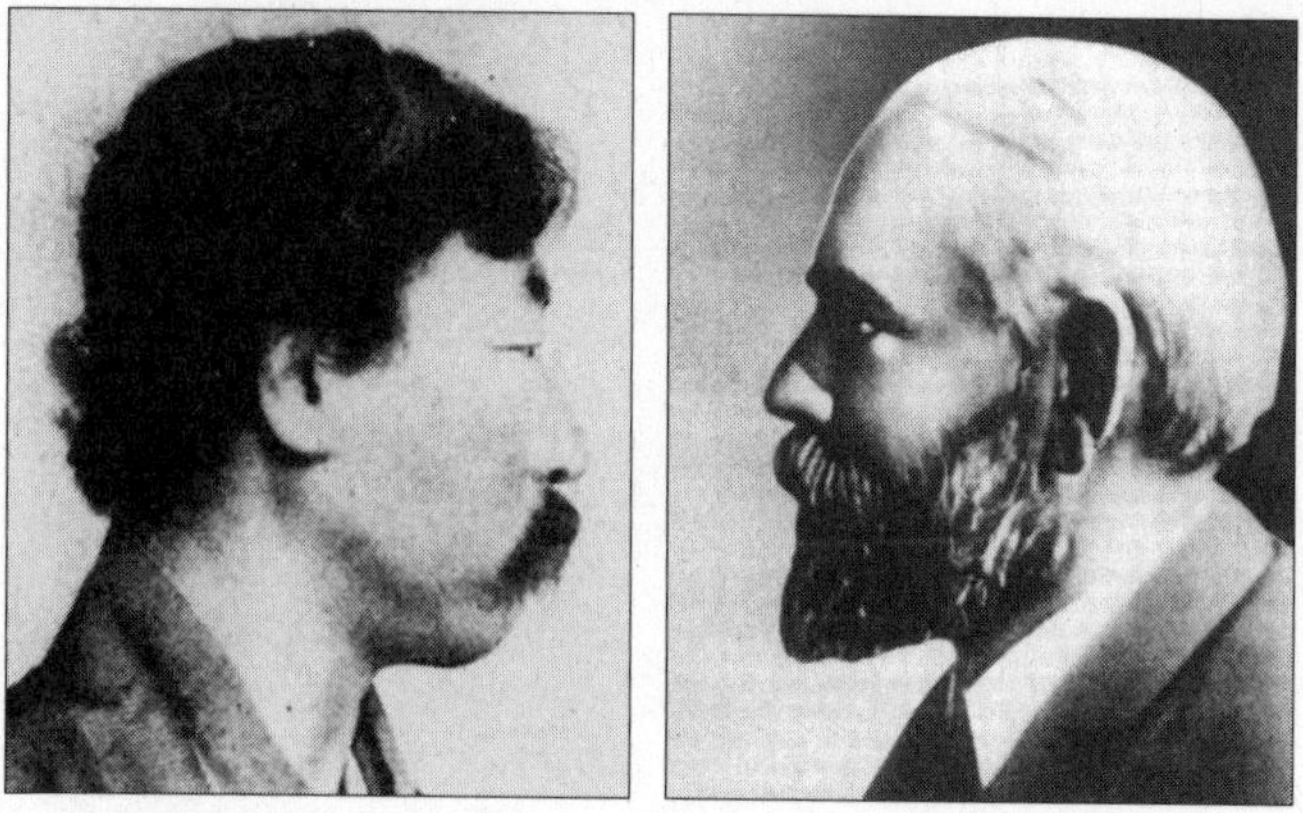

文化財保護に努めた岡倉天心（左／国会図書館所蔵）とフェノロサ（右）

る。その最中の1882年に行われた演説が、「日本の芸術は西洋に匹敵する」と説いた「美術真説」である。

こうした活動の結果、国内では伝統文化保護の機運が高まっていった。1886年、フェノロサと岡倉は文部省図《ず》画《が》取調《とりしらべ》掛《がかり》委員として、文化財保護に関する欧州視察を行う。1889年には勅令により、日本画家や仏像仏師を講師に招いた「東京美術学校（東京藝術大学）」が開校される。そして、1897年の「古社寺保存法」公布によって、文化財は法的に保護されることになったのである。

フェノロサは1890年に帰国するが、その後も度々来日し、1896年には滋賀・園城寺で受戒して仏教徒になっている。

また、岡倉も「日本美術院」で伝統芸能を教えつつ、弟子の新《にい》納《ろ》忠《ちゅう》之介《のすけ》と廃仏毀釈の被害にあった約2000体もの仏像を修復。その中には、東大寺の四天王像といった有名な仏像も数多い。

開山1200年の年の2014年に香川県の善通寺で開かれた法要（© Dokudami）

第五章

お坊さんの修行とお勤めの実態

84・どうしてお坊さんは坊主頭にするのか？

宗派によって違いはあるが、多くのお坊さんは髪の毛を剃り落としている。尼さんも例外ではない。

お坊さんの頭が坊主なのは、初期仏教からの習慣だ。古代インドの仏道修行者は、髪とヒゲを剃らなければ入門が許されなかったこともあるという。このように髪の毛を剃り落とす行為を「剃《てい》髪《はつ》」という。宗教学では、身体の一部を切ることは、俗世界から聖世界へ至るための通過儀礼だと考えるが、**お坊さんが坊主頭にする最たる理由は「煩悩の切り捨て」**である。

仏教では、毛髪を煩悩の象徴と捉えている。何をせずとも勝手に伸びる頭髪は、日々蓄積していく煩悩と非常に似ているからだ。伸びた髪やヒゲを整えて見栄えを良くすることも、嘘偽りで真実の自分を隠すので煩悩と同じとされた。こうしたことから、仏教では煩悩を捨て去るために、象徴の髪を剃り落とすことが奨励されたのである。

ただ、以上は教義面からの理由付けで、もっと現実的な理由で剃髪することも多かった。

周知のとおり、古代インドには仏教以外にも様々な宗教があった。神話の神々を崇めるヒン

剃髪したお坊さん。浄土真宗の場合は剃髪しなくてもいい。

ドゥー教の原型や、「六師外道《ろくしげどう》」という有力宗派など、他宗教の信奉者はかなり存在していた。そうした他宗教の信者と仏教徒を区別する方法が、剃髪だったのである。

剃髪の慣習は、出家以外にも根付いている。一般信徒の頭にカミソリを当てる「帰敬式」を行う宗派があるし、お葬式ではお坊さんが故人の頭に剃刀を当てる「お剃刀《かみそり》」が行われることもある。帰敬式は、信徒としての意識を確認するために行う儀式。カミソリを当てるだけで、信徒の髪を剃ることはない。お剃刀も、お葬式でお坊さんが死者を剃髪して浄土へ送る昔の風習からきたものだ。

このように、仏教には剃髪の慣習が根付いているが、お坊さんが必ず剃髪するのかといえば、そうでもない。浄土真宗のように、入門時だけ丸坊主にして、その後は伸ばすことを許すケースもあるのだ。

浄土真宗が有髪に寛容なのは、開祖の親鸞が髪を伸ばしていたためだとされ、ベテランでも有髪であることも多い。

85・お坊さんはどんな一日を送っている？

お坊さんはどんな生活を送っているのか？　身近にお寺があるとはいえ、そこまで知っている人は多くないのではないだろうか。

朝から晩まで修行に励むというイメージもあれば、信徒のお布施で悠々自適な生活をしていると思われることもあるだろう。実は、どちらも真実からは程遠い。

宗派や季節などによって違いはあるが、平均的なお坊さんの予定表は何かと考えたら、多くは次のようになる。

お坊さんの朝は早く、朝6時までに起床するのが一般的である。それから身支度を手早く整えて、お寺の門を開けて境内を掃除する。掃除が終わると、朝のお勤めとして仏前でお経を読む。「勤行《ごんぎょう》」と言われるものだ。これが終わると朝食の時間となる。

その後は夕方のお勤めまで決まったスケジュールはないものの、自由に過ごせることはまずない。檀家の葬儀があれば行って読経をしなければいけないし、月ごとの法要やその準備をすること

掃除するお坊さん（hareru / PIXTA（ピクスタ））

も多い。葬儀や法要がない日でも、事務作業や檀家との交流が待っている。仏教関連の勉学研究に当てるお坊さんも少なくはなく、小さなお寺なら副業をすることもある。昼食は昼12時にするのが基本だが、葬儀が入っていれば檀家の人々と一緒に食事をする。

その後、葬儀や法要があれば遅くなることもあるが、午後4時から5時の間に夕方のお勤めをして、門を閉めると6時から7時頃に夕食を済ませる。そして9時までに入浴などを終わらせ、午後10時に就寝となる。

これが、お坊さんの基本的な一日である。もちろん、お盆や彼岸などは休む間もないほど多忙なスケジュールになりやすい。お坊さんには決まった休日がないため、好きな時に遊べるなんてこともない。

世襲で楽ができると思われるかもしれないが、そんなお坊さんは少数派。多くは我々と同じように、苦労を重ねているのである。

86・お坊さんはどんな修行をしているのか？

僧侶になるために避けて通れないのが「修行」である。どのようなことを行うのだろうか？

修行は多くの場合「得度《とくど》」と呼ばれる出家の儀式を経て、各宗派が持つ修行道場へ入ることから始まる。真言宗では和歌山の高野山大学の付属道場で計100日間、日蓮宗では山梨の身延山久遠寺の修行道場で35日間行われる。修行期間中は外界との連絡を一切絶たれ、携帯電話も使用禁止。世間の情報が全く入ってこない環境に置かれる。ただ、浄土真宗には修行期間というものがない。これは、日々の暮らしそのものが修行の場であるとする考えに基づくものだ。

またどの宗派でも、修行者が必ず修めるべき根本として位置付けているのが、「三学」と呼ばれる行である。「戒《かい》・定《じょう》・慧《え》」を指し、「戒」は仏教徒としての戒律を守ること、「定」は常に心を平静に保つこと、「慧」は物事を正しく観察する智慧を持つことを意味する。そして修行道場で、経典の読経や坐禅、儀式に必要な知識の習得など、多岐にわたる修練が行われるのだ。

その一方、各宗派にはその教義などに基づいた独自の修行方法も見られる。例えば、臨済宗や曹

修行中の高野山の僧侶（Pedro.F / PIXTA（ピクスタ））

洞宗などの禅宗では修行の一環として、農作業や掃除などを行う「作務」が取り入れられている。もとは自給自足の労務だったが、「動の坐禅」としても重んじられるようになった。また禅宗では、1週間通しで坐禅を組む「接心」と呼ばれる厳しい修行が定期的に行われている。

同じくハードな修行としては、日蓮宗の結界修行が挙げられる。これは、志願制で11月から2月に100日間実施される修行だ。早朝2時に起床し、朝3時から午後11時まで読経や写経をひたすら続け、さらには寒水で身を清める「水行」が1日7回行われる。修行中に口にできるのは、朝夕2回の白粥と梅干しのみ。修行僧の頬はこけ、髭や頭髪は伸び放題になるという。

また密教系の真言宗や天台宗では「五体投地」という行がある。床に身体ごと投げ伏す礼拝を百回以上繰り返す修行で、大日如来への絶対的な帰依を表す。落ち着いているように見えて、仏教の修行はかなり厳しいのだ。

87・托鉢《たくはつ》はなぜ行われるのか？

「托鉢《たくはつ》」とは、修行僧が米や金銭の施しを受ける行為をいう。僧侶は右手に鈴、左手に鉢を持ちながら、お経を唱えて施しを待つ。タイやミャンマーといった上座部《じょうざぶ》仏教の国ではよく見る光景だが、日本にもその風習は残っており、天台宗の僧が毎年12月1日に行う「天台宗全国一斉托鉢」は季節の風物詩になっている。

時には、僧たちによる募金活動に間違われることも多いが、実際にはまったくの別物だ。托鉢僧が道行く人に声をかけて恵んでくれと頼むことはないし、施しを受けてもお礼の言葉を発しない。托鉢はお金集めが目的なのではなく、修行のために行われるからだ。

前述したように、仏教には布施という修行がある。いくつか意味があるが、布施を出す側にとって重要なのは、これが「自分の財産や持ち物などの執着を断つ」修行であるということ。お布施を「喜捨《きしゃく》」とも言うが、それは文字通り、自分の物を喜んで捨てることで、気持ちを解放できるととらえるからだ。

托鉢する僧侶（© FlickrLickr）

受け取る側の僧侶にしても、財産や食や住に対する執着を断つことに意味がある。なによりも、人に物を恵んでもらう恥ずかしさを捨てなければならない。そうした余計な感情を捨て、他人からお布施をいただくことで、**僧侶は「生きることを他人に委ねる」ことを実践し、その難しさを学ぶ**のだ。

こんな有名なエピソードがある。

釈迦が布教の旅に赴いていたときのこと。富豪が住む左の道と、貧しい人が住む右の道のどちらに進むかとなったが、釈迦は迷わず右の道を選んだ。弟子たちは戸惑ったが、釈迦はこう説いた。「布施の尊さは量によって定められるものではない。貧しさに苦しんでいる人ほど、布施をしなければならない」と。

米粒一つでもお布施として差し出せば、その善行が、その人たちに巡り巡って返ってくる。因果応報を基本とする、仏教らしい価値観だ。

88・坐禅の基本作法はどんなものか？

鎌倉時代から室町時代にかけて発展した禅宗。代表的なのは「臨済宗」と「曹洞宗」だ。臨済宗の坐禅は、師から与えられた公案を解いて悟りを開くことを目的とする「看話禅《かんなぜん》」。壁に背を向けて坐禅を組む。一方、曹洞宗の坐禅は黙々と坐禅に徹する「黙照禅《もくしょうぜん》」で、座る向きも壁を前にする。

このように、宗派によって目的は異なるが、作法はほとんど同じである。心を落ち着かせたり、集中力を高めたりするために、坐禅はうってつけの修行。その基本を紹介しよう。

まず、背中を真っ直ぐ伸ばして立ち、顔の前で合掌する。腰を45度ほど折り曲げて一礼した後、座布団に正座してから「結跏趺坐《けっかふざ》」という足の組み方をする。正座からあぐらをかいて両手で右足を持ち、下腹に近づけて足の裏を上に向け、左の太ももに乗せる。左足も同様だ。身体の固い人や慣れない人は、片足だけを太ももに乗せる「半跏趺坐《はんかふざ》」でも大丈夫だ。

続いて手を組むのだが、一般的なのは、右手の掌に左手の甲を重ねて逆アーチをつくり、左右の親指をギリギリまで近づける「法界定印《ほっかいじょういん》」だ。図にあるような「白隠流《はくいんりゅう》」という形もある。やり

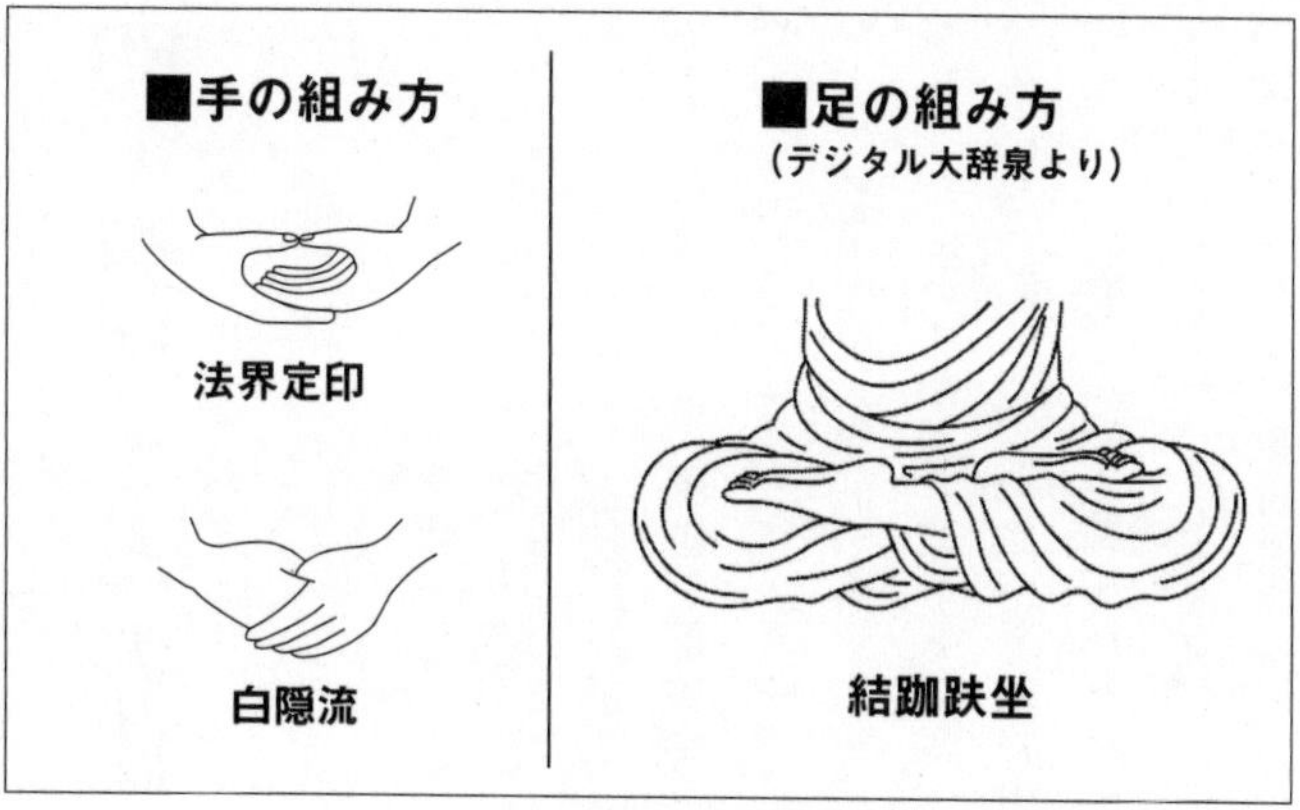

坐禅の作法

やすいほうを選ぶといいだろう。

ポーズが決まったら、身体を左右に揺らして余計な力を抜き、背筋を伸ばす。そして、顎を引いて2メートル程先に視線を落とし、目を半分くらい閉じる。ここまでが姿勢を調える「調身」だ。

次に呼吸を調える「調息」に移る。坐禅は基本的に鼻呼吸だが最初の1回だけ、肺の中を空にするような気持ちで口から息を吐く。これを「欠気一息」という。息を全部吐き終え、へその下10センチあたりに気持ちを集中させて腹式呼吸を繰り返し、リラックスする。

そして最後が心を整える「調心」だ。無理に「考えないこと」を意識せず、吐く息を10まで数え、また1から10まで数えてみるといい。

なお、理想の坐禅は、この「調身」「調息」「調心」を別々のものだと考えずに、一体のものとして行うこと。順番に行うということは、作業として頭を使うことになるからだ。

89・お坊さんの使う仏具の意味とは？

お寺ではさまざまな行事が行われるが、その際僧侶が用いる仏具は、普段見慣れないものも多い。例えば法要の際、僧侶が棒の先に毛の束を付けたものを持っているのを見たことはないだろうか。これは「払子《ほっす》」と呼ばれる仏具。「煩悩を払う」などの意味を持つ法具で、長老の僧侶が説法をするときなどに、威儀を正すために用いていた。中国では払子を持つことは、大変な名誉であったという。そのルーツは、殺生を禁じられた僧侶が、虫を追い払うために使っていたとされる。

この払子同様、僧侶の権威を示す仏具に「如意《にょい》」がある。如意は先端が曲がり、孫の手のような形状をしているが、それもそのはずで、もともとは、背中を掻くための道具であった。如意という言葉にも「思いのまま痒い所に手が届く」との意味があったという。

また、一般家庭の仏壇にはお鈴があるが、僧侶は「印金《いんきん》」という携帯用のお鈴を使うことがある。お鈴に柄を付け、りん棒を紐で結び、立ったままでも鳴らすことができるよう工夫された仏具だ。同じく携帯用の供養具としては「柄香炉《えごうろ》」が挙げられる。文字通り香炉に柄をつけた仏具だ。印

払子を手にする禅僧（左）と金剛杵を手にする空海（右）の肖像

金も柄香炉も、屋外での法要や経を唱えながら堂内を巡る「行道」の際に使用される。

ところで、仏事においては複数の僧侶が読経するケースも多い。その際には読経の速度を調整するため、「音木《おんぎ》」や「節折《よおり》」と呼ばれる拍子木が使用される。木魚に比べて音が高く、遠くまで音が届くため野外や雨天時の法要に重宝されているようだ。

また密教では、インド神話に登場する武器から転用された法具も存在する。それが「金剛杵《こんごうしょ》」と呼ばれる仏具だ。仏の智慧《ちえ》により煩悩を破壊することを象徴した法具で、空海の肖像画でも、握られていることが多い。

ちなみに大乗仏教では、僧侶が常備すべき道具として、鉢、楊枝《ようじ》、錫杖《しゃくじょう》、経本、仏像、鑷子《せっし》（毛抜き）、刀子《とうす》（剃刀）など18種類を「比丘十八物《びくじゅうはちもつ》」として挙げている。シンプルなものから意匠の凝ったものまで幅広いため、目にする機会があれば観察してみてはいかがだろうか。

90・一般人も参加できるお寺の修行とは？

ストレスを感じることの多い現代社会。普段の生活が嫌になって、世俗を離れた僧侶の生活に憧れる人もいるだろう。とはいえ、仕事を辞め、家族を置いて出家するのはリスクが大きい。そういった人には、お寺が開く一般人向けの修行体験がオススメだ。

最もポピュラーな修行体験は、**写経**と**坐禅**。写経は用紙と筆があれば誰でもでき、坐禅も特別な技能は必要ない。2時間以内に済むことが多いので、初めての人でも挑戦しやすい。

徳川将軍家菩提寺として名高い増上寺《ぞうじょうじ》も、写経会を定期的に行う寺の一つである。増上寺では、1979年3月14日の「善導大師《ぜんどうだいし》千三百年遠忌《おんき》記念」に信徒との写経を行って以来、盆前後を除いた毎月14日に写経会を行っている。参加料である「冥加料《みょうがりょう》」（2021年2月時で2000円）さえ払えば誰でも参加が可能で、高齢者でも疲れないよう専用の椅子が用意されている。

同じく坐禅も、奈良・長谷寺の月曜参禅会や横浜・總持寺《そうじじ》の月例参禅会のように定期的な坐禅体験を開く寺は多い。気軽に参加できることから、若者や外国人の参加者も多いという。

坐禅体験の様子（Fast&Slow / PIXTA(ピクスタ))

しかし、中にはこうした体験会に満足せず、もっと本格的な修行を体験したいという人もいる。そうした人々に用意されているのが、泊まり込みの修行体験である。

比叡山の延暦寺では、坐禅や写経体験の他に宿泊型の修行体験も行っている。参加者は、居士林《こじりん》という境内の道場で宿泊しながら修行をする。1泊と2泊の2種類のコースがあって、スマートフォンの使用と私語は原則禁止。企業の研修グループや学生サークルなどの参加がほとんどだが、家族や個人の参加者も少なくない。

その他、滝に打たれる水行をする高尾山薬王院のように、宗派やお寺独特の修行法が出来るところも少なくない。日本一厳しいという評判で有名な永平寺も、最長で3泊4日の宿泊体験を実施しているため、雰囲気を知りたいという方は足を運んでみてはいかがだろうか。

ただし、体験とはいえあくまで修行。真摯な気持ちで向き合うことを忘れずに。

91・写経の正しい手順はどんなもの?

「写経」は仏教で最も有名で、誰でも簡単に始められる修行の一つ。元々は、釈迦の教えを書き残すことを目的としていたが、日本に伝来すると国家の安寧《あんねい》祈願、極楽浄土への往生祈願、先祖供養などの手段となり、やがては精神鍛錬や仏の教えを理解するための修行としても行われるようになった。673年には飛鳥の川原寺《かわらでら》で大写経会が開かれているので、それまでに日本へと浸透したのは間違いないだろう。

写経に使う道具は、手本となる経典と写経用の用紙、文鎮、墨、毛筆である。もちろん、修行なので正式な作法がある。

まず行うのは、手と口を清めること。清める手段は水だけでも構わないが、お香を粉にした「塗《ず》香《こう》」を手に擦り込むのが望ましい。続いて用紙の置かれた机の前に正座し、合掌で心を静めてから写経する経典を読む。それが終わって初めて、墨をすって写経にとりかかることができるのだ。

書き写すときに注意すべきなのは、やはり姿勢。書道と同じく背筋を伸ばして書かなければなら

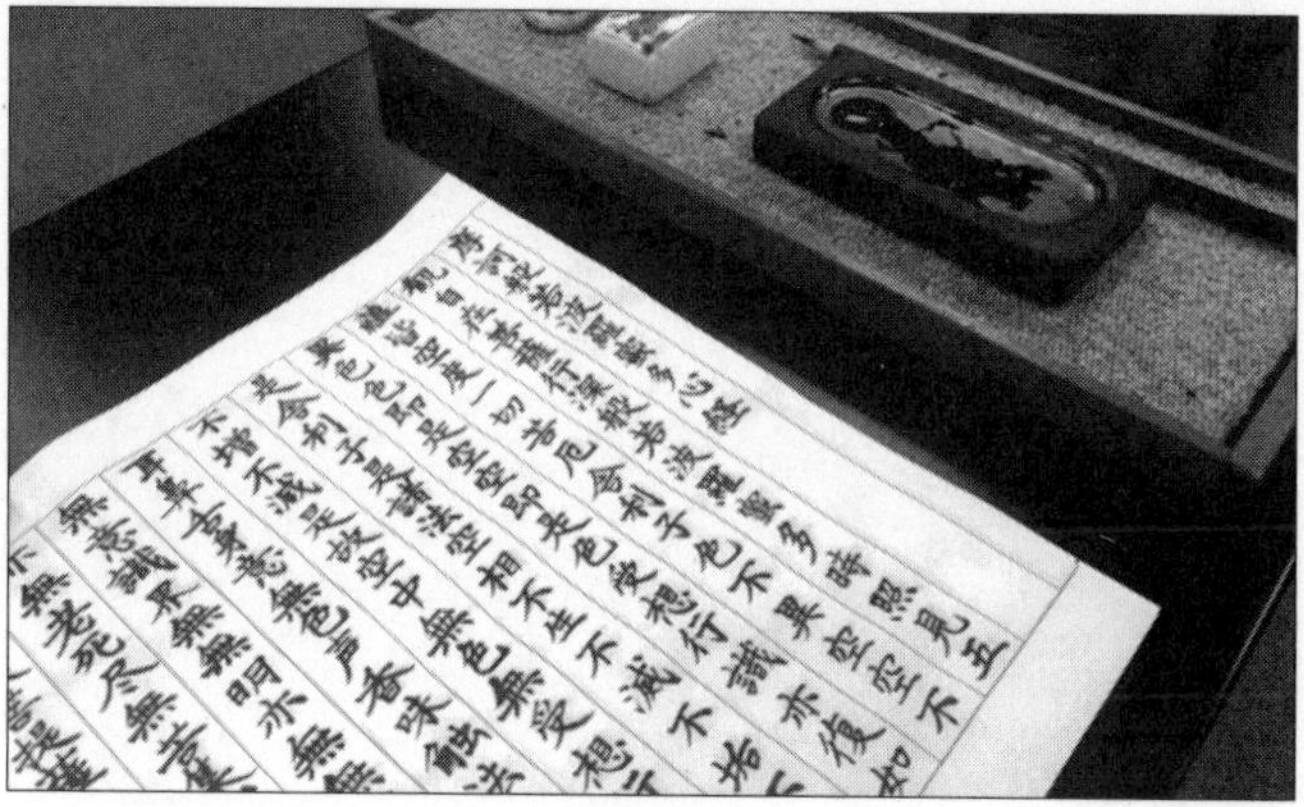

般若心経の写経

ない。筆を垂直に持って一文字ずつ丁寧に書き写すのが基本だが、最も大切なのは文字の上手さではなく心を込めて書くこと。心を落ち着かせて書けば、おのずと文字も丁寧になるはずだ。

書き終わって間違いの有無を確認したら、合掌しよう。用紙を焼香の煙で清めてから寺に奉納して、写経は終了。これらが写経の基本的な流れである。

仏具屋や文房具店にいけば、文字が印刷済みの写経用紙が簡単に手に入るので、興味があるなら個人で始めてみるのもオススメだ。とくに**「般若心経《はんにゃしんぎょう》」は文字数が少ないものの、内容が充実している**ため、心を込めて写経すれば気持ちを落ち着かせることができるはずだ。

肝心なのは、心がこもっているかどうか。また、難しくとも書いたお経の意味も、きちんと理解したい。パソコンやワープロでただ写すだけの写経は、さすがに避けたほうがいいだろう。

92・精進料理《しょうじんりょうり》も修行の一環？

「精進料理《しょうじんりょうり》」といえば、仏教の戒律に沿った食材で作る僧侶用の料理である。精進とは、戒律を守って修行すること。仏教の「六波羅蜜《ろくはらみつ》」という六つの修行の一つにも数えられる、非常に大切なものだ。それが料理と結びつくのは不思議だが、仏教では食事も修行の一つと考え、さまざまなルールを守る必要がある。精進料理の場合、殺生禁止の戒律を守るために、肉類や卵類を使わず穀物や野菜中心のメニューとなっているのだ。

日本で精進料理を定着させたのは、鎌倉時代の禅師・道元とされている。それまでの仏教界では、食事は修行を妨げるものとして軽視することが多かったが、道元は中国の修行経験から食も修行のうちだと説いたことで、日本仏教で大きな意味を持つようになった。

その調理方法も独特で、肉類の禁止以外にも、いくつか守るべきことがある。例えば、使用する食材は一片も無駄にしないこと。調理方法は生、煮る、焼く、蒸す、揚げるの「五法」を基本として、甘味、塩味、酸味、辛味、苦味の五味と淡い味を加えた「六味《ろくみ》」で味付けるよう決められている。

天龍寺の精進料理（© 663highland）

食材も米などの白、小豆などの赤、根野菜の黄、緑黄色野菜の緑、きのこ類の黒の「五色」で彩を整える。また、肉類以外にも禁止される食材はあり、ネギ、ニラ、ラッキョウ、ニンニク、タマネギは「五葷《ごくん》」といって料理に使ってはならない。禁じられた理由は、強い臭いが周りを不快にさせるからというのが有力だ。

気になるのは、これで栄養素が足りるのかだが、カロリーやタンパク質は少なめになるものの、その他の栄養素は必要量を満たしており、栄養面では問題ないという。

中には、がんもどきやけんちん汁など、日本の食には精進料理が由来の料理も多数ある。

そのルーツとなった食事を食べたい方は、観光客用に精進料理体験を実施しているお寺へ行くといいだろう。僧侶用とメニューが若干異なる場合が多いが、食するときの心構えや作法を知ることができるため、普段の食に対する意識も、変化するかもしれない。

93・生きたまま仏となる即身仏《そくしんぶつ》とは？

空海が日本に持ち込んだ密教には、死なずに仏となる考え方がある。「即身成仏《そくしんじょうぶつ》」と呼ばれるものだ。曼荼羅《まんだら》と向かい合って瞑想すれば、精神が仏の世界と繋がり仏と一体になれる。空海が「加《か》持《じ》」と呼んだこの行為を繰り返すことで、修行者は生きたまま仏となれるとされてきた。

この即身成仏と似た言葉で「即身仏《そくしんぶつ》」というものがある。混同されることもあるが、即身成仏と即身仏はまた別の概念。即身仏は生きているうちから仏になる準備をし、そのまま入定《にゅうじょう》することを指す。現代の感覚で言えば「亡くなった僧侶のミイラ化」である。

なぜそのような風習があったのだろうか？　その起源の一つは弥勒菩薩《みろくぼさつ》信仰にある。弥勒菩薩は56億7000万年後にこの世を救うといわれる菩薩だ。古代インドの僧侶の中には、生きたまま入定、つまりは永遠の瞑想状態に入って弥勒が現れるのを待とうとする熱心な者もいた。インドの鶏《けい》足山《そくせん》に入定した迦葉《かしょう》がミイラ化したという話が残っているし、中国でも三国志の時代から生身の入定を試みた事例が多々ある。日本にも、東北地方や北陸地方に複数の即身仏が残っている。

即身仏になることを決意した僧侶は、木の根や皮だけを食べる「木食行《もくじきぎょう》」で体中の肉を削ぎ落と

即身成仏した空海が安置された高野山奥の院への参道（左）と8世紀の中国の禅僧・慧能の即身仏（右）。中国の広東省韶関市にある南華寺に納められている。

し、漆《うるし》を飲んで嘔吐《おうと》を繰り返して水分を限界まで排出する。その後、呼吸用の筒だけがついた箱に入って地中に埋められる。僧侶はお経を唱えながら小型の鉦《かね》を時折鳴らし、鉦の音が鳴り終えると入定、つまりは衰弱死したことになる。それから3年ほど経つと掘り出され、ミイラ化していたら即身仏の完成だ。その後は法衣などを整えられてから、寺で仏として祀られることになる。

そんな苦難を経てまで即身仏となる僧侶は、かなり高い位だと思われるかもしれない。実はその逆で、即身仏を志したのは身分の低い僧が多い。何らかの過ちを犯したなど止むに止まれぬ理由で出家したものは、正規の僧と違って出世の道も閉ざされ、下層の身分として差別される。そんな僧が上位を目指し、人々からの崇敬を得るには命を賭すしかなかったのだ。

下層の僧にとって即身仏になることは、究極の修行法。相当の覚悟を抱いていたに違いない。

94・成功者は2人だけ　大峯千日回峰行《おおみねせんにちかいほうぎょう》とは？

山岳信仰と仏教が習合して成立した修験道《しゅげんどう》。その創始者・役小角《えんのおづぬ》が奈良の吉野山に開いた金峯山《きんぷせん》寺《じ》に、仏教界で最も厳しい修行の一つがある。「大峯千日回峰行《おおみねせんにちかいほうぎょう》」だ。

回峰行とは、寺と山岳を往復しながら礼拝する修行法で、修験道の流れを含む天台宗の比叡山でもよく行われる。しかし、大峯千日回峰行の厳しさは普通の回峰行以上である。

大峯千日回峰行の志願者は、まずは寺と大峯山の山頂を１００日間往復する「大峯百日回峰行」を満行しなければならない。これを終えると翌年から挑戦できるのだが、修行の内容は当然百日回峰行を上回る。

主な修行内容は、**金峯山寺と大峯山山頂までの片道24キロを16時間かけて往復する**こと。修行者は夜11時に寺を出発し、高低差１３００メートルにもなる夜間早朝の山中を8時間かけて踏破する。山頂に到着したら食事をとるのだが、ここで食べる握り飯と水が修行中に許された唯一の食事である。そしてまた8時間使って寺へと帰り、雑事と翌日の準備を終えて9時に就寝。こうした修

大峯千日回峰行の舞台の一つである山上ケ岳

行が、1000日間も続くのである。

さらに、修行は入山が許される5月から9月の間だけ行われるので、1000日の修行を終えるには約9年もかかる。しかもこの修行が終わっても、9日間も飲まず食わずで睡眠も横にもなることもせずに読経し続ける「四無行」が待っている。

この修行の最も厳しい点は日数や肉体の酷使ではなく、一度始めると中止は絶対に許されないことだろう。一度修行を決意したら、いかなる悪天候でも決行しなければならず、大病や大怪我になっても病院にはいけない。もしも実行が不可能になったら、その場で自刃するルールになっており、近代以前には、実際に命を絶つ者もいたという。

大峯千日回峰行が始まったのは約1300年前だと言われている。挑戦者の総数は不明だが、成功者はなんとたったの2人。両者とも近代以降の僧侶だ。達成者がどんな光景を目の当たりにしたのか、気になるところである。

95・お坊さんは生活費をどうまかなう？

俗世を離れた僧侶であっても、衣食住のための収入は必要不可欠だ。収入源として思い浮かぶものといえば、葬式や法事のお布施や参拝客の賽銭《さいせん》など。宗教法人である寺院にはいくつかの免税があるので「坊主丸儲け」という意見も聞かれるが、これは大きな誤解である。

確かに、お堂などの建物に固定資産税はかけられず、法人税や相続税などが非課税となる。また、お布施や賽銭、本堂や境内への拝観料は宗教活動なので免税となり、お守りなどの販売に消費税はかけられない。さらに、駐車場や幼稚園といった付属施設の税にも優遇処置がある。

しかし、だからといって、収入が多いとは限らない事情が、仏教界にはあるのだ。

確かに宗教活動と見なされた収入は無課税で寺に入るが、そのまま僧侶の懐には入らない。寺の会計としてまとめられ、そこから給料として支払われるのである。この給料が僧侶の主な生活費だ。

住職や高僧の収入も給与制なので、寺の収入だからといって好き勝手には使えるわけではない。給料がいくら貰えるかは寺によって異なるが、平均すれば一般会社員と同じ程度である。

課税（宗教行為と関係なし）	非課税（宗教行為と関係あり）
・僧侶の給与	・法人税
・僧侶の預貯金	・固定資産税
・僧侶の個人財産	・相続税
・線香、ろうそく販売	・お賽銭
・宝物殿などの入館料	・拝観料
・宿泊業	・お守り、絵馬、おみくじ販売
・駐車場（私用の場合など）	・駐車場（信者のためのもの）
僧侶の財産は課税	**お寺の財産は非課税**

お寺にかかる税金

しかも、僧侶であっても給料の場合は非課税にならない。宗教活動とは見なされないからだ。

雇用されている僧侶は源泉徴収を受け、寺院は決算報告の必要がある。当然、年間の給与が２０００万円を超えたり副収入があったりした場合は、確定申告をする必要があり、申告額に応じて税がかけられる。こうした点は、一般の会社員と全く同じである。

また、寺も仏教に関係のない収入は非課税にならない。有料の駐車場や宝物殿の入館料などは課税の対象となり、事業関連の申告が必要となる。税務署の調査も入るので、申告を怠れば指導が当然入る。

それどころか、生活のために副業で収入を得る僧侶も少なくない。檀家の減少で減ったお布施収入を穴埋めするためだ。

中小寺院ではお寺の維持にすら四苦八苦しているのが現状なのである。

96・僧侶になるには資格が必要？

お寺の子どもでないと僧侶や住職にはなれない、と思っている人は多い。しかし、そもそも仏教は、僧侶の妻帯を禁じる宗教。世襲が慣例化しているものの、それは子どもを設ける日本の仏教ならではの習慣で、特殊な事情だと考えたほうがいい。

僧侶が重視するのは家族の縁ではなく、出家した者同士のつながりだ。そのために必要なのは、出家の儀式「得度」を受けること。戒律の厳守を誓い、無事に済めば、僧侶の戸籍にあたる「僧籍」が度牒《どちょう》（僧籍簿）に登録される。これではじめて、見習いとなることができる。

正式な僧侶となるためには、宗派によって細かな違いはあるが、得度を受けたのちは指定の道場や寺院で僧侶としての基礎知識や作法を学ぶ。これを終えると正式な僧侶を示す教師の資格を得る試験を受けることになる。この試験に合格すれば、初めて一人前の僧侶と認められ、住職や葬式の導師への道も開かれるのである。

では、出家のために特別な資格は必要なのかといえば、そうでないことが多い。宗派の違いはあ

室生寺の灌頂堂。灌頂と呼ばれる儀式を経て、僧侶は出家していた（©z tanuki）

れども、義務教育を修了しているか、高卒以上で18歳以上であれば、僧侶になるチャンスが与えられる。

それでも、僧侶になるのは簡単ではない。得度をするには授与申請をしてくれる「師僧《しそう》」という目上の僧侶を探す必要があるのだが、いきなり寺の住職に頼んだとしても普通は相手にされないだろう。

ではどうすればよいのか。まずは現役の僧侶と縁を深めるのがいい。出家希望の宗派の寺で行事などを通じて縁を深め、熱意を込めて真摯に頼み込もう。最初は断られるだろうが、何度も足を運べば、師僧になってくれるか、師僧になる人物の紹介はしてくれるかもしれない。

最も確実なのは、仏教系の学校に通うことだ。知識や技能が身につくだけでなく、学校の縁で師僧を得やすい。

それでも、これらの手段で僧侶になったとしても、修行の厳しさで脱落する新人も多いという。僧侶を続けるのは、強い信心と決意が必要なようだ。

97・仏教系の学校では何ができる？

極端な話、僧侶になるために必要な資格はないし、望めば誰でもなれる。しかし、お坊さんを目指すのなら、専門の学校に入った方が近道だ。仏教の知識や技能が身につき、就職先の寺も探してくれて、さらには得度を得るための考査が免除されることもあるからだ。

代表的な僧侶育成機関は、仏教系大学だ。各宗派の後押しでつくられたものが多く、特に京都に集中している。

例えば佛教大学は、1868年に知恩院の講究機関として設立された機関である。学内には仏教学部と学科が設けられており、この課程を修めれば、卒業までに浄土宗系道場への入行資格や僧階授与を申請する資格を得ることができる。その後、入行した道場で修行を終えると、「仏教教師」の資格を授与される。これを得ることで、初めて住職や葬儀の導師になれるのだ。

佛教大学のほかにも、浄土真宗本願寺派の龍谷大学、同宗大谷派の大谷大学、臨済宗の花園大学、真言宗の種智院大学などが京都にはある。東京にある立正大学、駒澤大学も日蓮宗、曹洞宗の大学

1879年に落成した龍谷大学の正門

で、大正大学は天台宗・真言宗・浄土宗の連合大学だ。

また、中卒者を対象に予科を設ける学校も多い。浄土真宗本願寺派の中央仏教学院の予科では、1年の修行期間を終えると本科へ出願する資格を与えられ、僧侶になる得度に関する考査もパスされる。卒業後に僧侶の資格を得られることから、寺の跡取りがよく入学するという。

それ以外で有名なのは、本願寺が一般向けに開いている「宗学堂」だろう。中卒者なら誰でも入学可能で、教育課程を修了すれば、得度の考査が免除され、受式を終えると東本願寺の僧侶になれる。年齢や性別の制限がないので、年配者や女性の出家希望者にも人気が高い学び舎である。

このように、僧侶になること自体は、そこまでハードルが高くない。しかし大変なのはお寺に勤め始めるようになってから。お寺離れが進むなか、仏教界は社会とどう向き合うべきなのか。これから僧侶を目指す学生は、そうした社会問題とも、真剣に向き合わなければいけないだろう。

98・お坊さんも階級や宗派で呼び名が違う？

仏教の出家者を、日本では「お坊さん」と呼ぶことが多い。かしこまった場合には「僧侶」や「住職」が使われることもある。その他にも、「和尚《おしょう》」「阿闍梨《あじゃり》」など、さまざまな呼び方があるが、なぜこのような違いがあるのかといえば、それぞれルーツが異なるからだ。

最も使われることの多い「僧侶」は、サンスクリット語の「サンガ」の音訳である「僧伽《そうぎゃ》」が由来だとされている。当初は仏教教団を示す用語だったが、仏教の普及にともなって出家者個人を指すようになり、現在のような意味で使われるようになった。

「住職」は仏法を守護する僧侶のことで、現在ではお寺の管理者として用いられる。日蓮宗で使われる聖人（上人）も、住職を指す言葉だ。年配のお坊さんに使われる「和尚」も、元々は人に説法をする師匠・先生を意味し、主に禅宗の僧侶を指すことが多い。密教系の場合は、高僧を阿闍梨と呼ぶこともある。ちなみに、「坊主」「お坊さん」の「坊」は僧侶の住居や大寺院に所属する小さな寺を指し、そこを管理する「一坊の主人」が転じて、一般の僧侶もお坊さんと呼ばれるようになった。

この他にも、20歳以下の新人を「小僧」、出家に関係なく修行する者を「行者」というように、僧

	真言宗	天台宗	浄土宗	曹洞宗	日蓮宗
1	大僧正	大僧正	大僧正	大教正	大僧正
2	権大僧正	権大僧正	正僧正	権大教正	権大僧正
3	中僧正	僧正	僧正	大教師	僧正
4	権中僧正	権僧正	大僧都	権大教師	権僧正
5	小僧正	大僧都	僧都	正教師	大僧都
6	権小僧正	権大僧都	小僧都	一等教師	権大僧都
7	大僧都	大律師	律師	一等教師補	僧都
8	権大僧都	中律師		二等教師	権僧都
9	中僧都	律師		二等教師補	大講師
10	権中僧都	権律師		三等教師	権大講師
11	小僧都			座元	講師
12	権小僧都			上座	准講師
13	大律師			沙弥	補導
14	律師				沙弥
15	権律師				
16	教師試補				

各宗派の階級例（僧階）

侶は立場によって呼び名が違う。だがこれ以外にも、僧侶の呼び名が変わる場合はある。それは階級の違いである。

僧侶の階級は「僧階（僧位）」と呼ばれ、僧侶を統括する官職である中国仏教の僧官制度を参考につくられた。真言宗の場合、僧階は基本的に16の階級に分けられ、トップの階級は「大僧正」。僧階を得るには仏教の教師資格が必要となり、階級を上げるには試験を突破するのが一般的である。

僧侶の僧階を見分けたい時は、法衣の色を見るのがいい。僧侶の衣装は釈尊時代の三衣を起源とする袈裟の下に法衣を着る構造になっていて、その色は僧階によって違う。真言宗を例にとると、新人の僧侶は黄色、律師は浅黄色か水色、僧都は緑色か萌黄色、僧正は紫色だが、大僧正は緋色となっている。法衣の色や僧階の数は宗派ごとに細かな違いはあるが、上位の僧が緋色や紫を着るのは共通している。僧侶と話すときは、その宗派と立場に応じた呼び名を使うといいだろう。

99・宗派の違うお寺に勤めることはできる？

日本の仏教には、浄土真宗や天台宗など様々な宗派があるが、ひとたび僧侶の資格を得れば、その宗派の寺院で修業し、勤務することになる。

だが、僧侶によっては所属する宗派の教義に疑問を持ち、別の宗派の教えに惹かれることもあるかもしれない。その場合、宗派を替え、希望する寺院で働くことはできるのだろうか？

結論から言えば、宗派の異なる寺院での勤務は可能だ。日本国憲法では20条で信仰の自由が、そして22条1項では職業選択の自由が認められており、何ら罰則があるわけではない。

だが、実際に僧侶が宗派を移るには、相当な困難が伴う。まず、基本的に僧侶は「浄土宗兼臨済宗」といったような僧籍の重複はできない。そのため改宗するには、いったん所属元の宗派に帰俗願などを提出し、僧籍を返上する必要がある。

そして還俗した後に、改めて別の宗派での資格取得を目指すことになるが、もし宗門の大学で教学を修めるなら、数年は時間がかかるうえ、厳しい修行もやり直さなければならない。

黄檗宗の万福寺で行われた新年法要（© Aurelio Asiain）。お経の読み方は中国式なので、多宗派から移ると同じお経でも読み方から学ぶ必要がある。

それに僧侶が宗派を替えるということは、それまで学んだ教義を否定することでもある。元の宗派関係者からの非難や反発は免れないだろう。

例えば、僧侶になるにはまず、師と仰ぐ僧侶と縁を持ち師弟関係を結ぶ必要があるが、宗派を移るとなると、その師僧との間にも軋轢が生じる恐れがある。

また、日本の寺院の大半は世襲制だ。もし実家と異なる宗派に移れば、家族関係にも大きな影響が及ぶだろう。親子間で宗派が違えば、儀式の作法なども当然異なり、唱えるお経も変わってくる場合もある。そうなれば、寺院のみならず檀家をも混乱に巻き込むことになる。

このように、多くのトラブルを引き起こす可能性が高いため、僧侶が宗派を替えるケースは滅多にない。それに、宗派が違うとはいっても、他宗派の経典を読めないわけでもなければ、交流をもてないわけでもない。必要ないと考える僧侶が大半なのではないだろうか。

100・お寺を新しく開くことはできる？

日本の寺院の大半は世襲制で、住職になれるのは寺院の子息がほとんどだ。では、世襲できる寺院を持たない一般の人々が新しくお寺を開くことはできないのだろうか？

結論から言えば、お寺を開くことは可能である。無住寺院、いわゆる空き寺を見つける方法もあるが、生計を立てるのは難しいため、近年では「開教制度」が仏教関係者の間で着目されている。

開教とは、布教の拠点として新たに寺院を開くこと。実は仏教界では、宗派によって差はあるが、「同一宗門の寺院が少ない」「人口が増加傾向にある」などの条件に適合する地域には、新寺を建立することを認め、宗門から一定の助成金が下りる体制を整えているのだ。

あくまでも一例だが、近年の埼玉県南東部を対象地域とした日蓮宗の募集要項によると、布教助成費が月額20万円、家賃助成費が月額上限15万円などで、3年間の支援が行われるという。

この開教制度は、浄土真宗が1970年代末に整備し、1990年代半ばには、浄土宗や日蓮宗なども積極的に乗り出した。その背景には、都市部への人口集中や核家族化など日本の社会構造の変化

住職不在で荒廃した島根県の了泉坊。空き寺を整備して新しく布教することも可能だが、近年は、都市部のお寺が不足している地域で開教するケースも注目されている。

があった。実際、過疎地に空き寺が増える一方、過密化する都市部には不足する現象が起こっており、人口分布に合わせて寺院を再配置する必要があった。

とはいえ、住職になるには、まず各宗派で定める修行を経て、僧侶の資格を得なければならない。応募するには書類審査や面接を通過する必要があるし、何より新たにお寺を建立するためには数千万円の金額が必要となる。貸付制度のある宗派もあるが、基本的には自己資金だ。

それに、新寺を建立できたとしても、檀家も信者も存在しない、まさにゼロからのスタートとなる。資金と入念な下準備、そして相当な覚悟がなければ、開教にこぎつけられないのが現実だ。

それでも、いち早く開教制度に取り組んだ浄土真宗は、約80カ所の寺院や布教所を開設している。最近では年間約百人のペースで信徒を獲得している新寺もあるほど。ここから仏教界を変える人材が、出てくるかもしれない。

主要参考文献・参考ウェブサイト

「仏像はやわかり小百科」春秋社編集部編（春秋社）
「浄土の本」（学習研究社）
「密教の本」（学習研究社）
「日本仏教のあゆみ」竹村牧男著（NHK出版）
「日本人なら知っておきたい禅」村越英裕著（河出書房新社）
「禅宗の歴史」今枝愛真著（吉川弘文館）
「あらすじで読む日本の仏教と経典」廣澤隆之監修（青春出版社）
「仏さまのファッション」秋山正美著（鈴木出版）
「「神主さん」と「お坊さん」の秘密を楽しむ本」グループSKIT編著（PHP研究所）
「いいお坊さん ひどいお坊さん」勝桂子著（KKベストセラーズ）
「日本の漢字1600年の歴史」沖森卓也著（ベレ出版）
「寺院消滅」鵜飼秀徳著（日経BP社）
「面白いほどよくわかる仏教のすべて」田代尚嗣著／金岡秀友監修（日本文芸社）
「知識ゼロからの仏教入門」長田幸康著（幻冬舎）
「百寺巡礼　第四巻　滋賀・東海」五木寛之著（講談社）
「百寺巡礼　第五巻　関東・信州」五木寛之著（講談社）
「百寺巡礼　第十巻　四国・九州」五木寛之著（講談社）
「五木寛之の百寺巡礼 ガイド版 第十巻 四国・九州」五木寛之著（講談社）
「太子ゆかりの三十三ヵ寺めぐり聖徳太子の寺を歩く」林豊著／南谷恵敬監修（JTBパブリッシング）
「新装版東大寺辞典」平岡定海著（東京堂出版）
「誰も知らない東大寺」筒井寛秀著（小学館）
「奈良の寺　世界遺産を歩く」奈良文化財研究所編（岩波書店）

「補陀落　観音信仰への旅」川村湊著（作品社）
「京都古寺」水上勉著（立風書房）
「定家明月記私抄　続篇」堀田善衛著（筑摩書房）
「密教とマンダラ」頼富本宏著（講談社）
「アーネスト・F・フェノロサ」久富貢著（中央公論美術出版）
「学研雑学百科　仏教詳解」宇野正樹他著（学習研究社）
「法隆寺の謎」高田良信著（小学館）
「日本の奇僧・快僧」今井雅晴著（吉川弘文館）
「豊臣大坂城　秀吉の築城・秀頼の平和・家康の攻略」笠谷和比古・黒田慶一著（新潮社）
「大仏再建」五味文彦著（講談社）
「戦争の日本史11　畿内・近国の戦国合戦」福島克彦著（吉川弘文館）
「戦争の日本史14　一向一揆と石山合戦」神田千里著（吉川弘文館）
「肉食妻帯考」中村生雄著（青土社）
「僧兵盛衰記」渡辺守順著（吉川弘文館）
「図解雑学 禅」中尾良信著（ナツメ社）
「隠れ念仏と隠し念仏」五木寛之著（講談社）
「観世音寺の歴史と文化財　府大寺から観音信仰の寺へ」石田琳彰著（観世音寺）
「日本・中国ミイラ信仰の研究」日本ミイラ研究グループ編（平凡社）
「食う寝る坐る　永平寺修行記」野々村馨著（新潮社）
「シリーズ権力者と仏教　秀吉の大仏造立」河内将芳著（法藏館）
「月刊住職」（興山舎）
中外日報

本扉写真：永平寺勅使門（© Tak H.）

お寺の魅力と成り立ちがわかる

日本の古寺100の秘密

2018年9月19日第1刷
2021年10月1日第5刷

編者　日本の古寺研究会
制作　オフィステイクオー（執筆協力：高貝誠）
発行人　山田有司
発行所　株式会社　彩図社《さいずしゃ》
〒170-0005
東京都豊島区南大塚3-24-4　MTビル
TEL 03-5985-8213　FAX 03-5985-8224
URL：https://www.saiz.co.jp
Twitter：https://twitter.com/saiz_sha
印刷所　新灯印刷株式会社

ISBN978-4-8013-0323-2　C0015
乱丁・落丁本はお取り替えいたします。